北欧の教育再発見

ウェルビーイングのための子育てと学び

中田麗子・佐藤裕紀・本所 恵・林 寛平・北欧教育研究会 編著

The Rediscovery of Nordic Education

Childcare and learning for well-being

明石書店

はじめに

本書は、「北欧の教育と子育てを等身大に理解するための本」の第２弾です。北欧の教育というと、とかく憧れの眼差しで見られたり、理想郷のように語られたりしがちです。でも現地では、人々の挑戦や葛藤の姿も見られます。光も影も合わせて見た時に、お互いに学べることがあるのではないか。そんな想いで執筆者、編者一同取り組んできました。

第１弾『北欧の教育最前線――市民社会をつくる子育てと学び』（２０２１年、明石書店）には、いろいろな方からリアクションをいただきました。研究者仲間が読書会を開いてくれたこともありました。市民講座や公開講座で話をさせていただいたときは、少しでも日本の教育や社会を良くしようと取り組まれている先生方や地域の方に出会いました。ママ友から、「読んだよ！」と声をかけてもらうこともありましたし、興味を持ってくださった方が北欧に視察に訪れ、その経験を今度はご自身で執筆してくださった例もありました。

編著を行った「北欧教育研究会」は、研究者のみならず、社会人や主婦（夫）、学生など、多様な人たちが集まるいわば「北欧ファンクラブ」です。ですので、第１弾を出版したことがきっかけで、ますます北欧のファンの輪が広がっていくことは本望です。本書を手に取っていただいた皆さまにも、その魅力を少しでも伝えられたらと思います。

本書のベースになっているのは、編者メンバーのうち３人が２０１８年に子連れでスウェーデンのウプサラに渡航したことをきっかけに、『教育新聞』に掲載させていただいた連載記事「世界の教室から　北欧の教育最前線」です。さまざまな立場や専門領域をもつ北欧教育研究会のメンバーがオムニバスで書いてきました。本書は、第1弾の書籍にまとめたもの以降に掲載された記事を中心に、書き下ろし原稿も含めて構成しました。

本書の構成を考えるために記事を並べてみると、人々のウェルビーイングや基本的な権利、多様な人との共生をテーマにした記事が多いことに気付きました。子どもの権利やウェルビーイングはもちろん、それに関わる大人たちのウェルビーイングも大事にされていることが北欧の特徴かもしれません。それらの記事を第2章と第3章に持ってきました。第1章は、「ザ・北欧モデル」とも言えそうな実践とその変容、第4章は、幼少期から成人期までつながる生涯学習社会を垣間見てもらおうと、年齢・学校段階ごとの記事を集めました。

読者の皆さまには、章ごとに読み進んでいただいてもいいですし、関心のあるトピックから拾い読みをしていただいても構いません。また、今回は新たに、記事ごとに参考にした主要文献やウェブサイトも掲載しました。興味のある方はぜひそちらを参考に原語に当たったり、トピックをさらに深掘りしたりしていただければと思います。

第1章に入る前に、『教育新聞』の連載100回目を記念して掲載した「北欧人教師との出会いからもうすぐ250年」という論稿を載せました。北欧と日本の教育交流の歴史、人々の出会いや願いに想いを馳せながら、コーヒーを片手に、本書を覗いていただければ幸いです。

この「はじめに」を執筆している現在、私はありがたいことに2度目のウプサラ生活をしていいます。コロナ禍を通してオンラインでさまざまな情報収集や交流ができるようにはなりましたが、実際に移り住んでこの土地で生活を始めると、日常生活や雑談から小さな驚きがたくさんあり、自分の「北欧観」が現在進行形で変容していることを感じます。特に、前回の滞在時よりも大きくなり地元の学校に通っている子どもたちを通して、学校や先生、子どもたちや保護者、そして地域の方々について、いつも新たな発見をさせてもらっています。

本書が、皆さまの北欧の発見・再発見に少しでも貢献できれば幸いです。

2023年1月ウプサラにて

中田麗子

目次

北欧の教育再発見

——ウェルビーイングのための子育てと学び

はじめに／3

0　北欧人教師との出会いからもうすぐ250年／13

第1章　北欧モデルの現場から

1　就学前から始まる「話し合う」生活文化／19
2　「教育の輸出」に励むフィンランド／24
3　スウェーデンで広がるeスポーツ教育／28
4　6歳からの史料批判／32
5　教師から政治家に／38
6　平等の国アイスランドの私立園／41
7　フィンランドの「村の学校」の行方／45
8　揺らぐ「民主主義のモデル」としての学校／49
9　担い手不足の学校理事会／53
10　スウェーデンのエリート高校／58
11　個人情報にたじろぐスウェーデンの学校／64
12　スウェーデン・キルナ　町ごとの引っ越しと学校／69
13　レゴ社と市が協働する子ども中心の街づくり／73
14　世界で最も持続可能で差別のない地域を目指して／78

第2章 子どもと大人のウェルビーイング

1 フィンランドのウェルビーイング・デイ／85
2 子どもと大人を支援する特別支援学校・センター／90
3 受講生に時給？ スウェーデンのサマースクール／94
4 スウェーデンの高校生の夏期講習／98
5 全国学力テストを廃止し新テストに／103
6 市も協力 教員の働き方改革／108
7 掃除は仕事ではない！ 教員組合が反発／112
8 デンマークの学校給食論争 背後に貧困問題／116
9 放火や対教師暴力 SNSで広がる学校の荒れ／121
10 皇太子妃も取り組むデンマークのいじめ対策／126
11 子どもへのわいせつ行為 デンマークの対策／130
12 スウェーデンの性教育とユースクリニック／133

第3章 多様な人と共に暮らす

1 白夜の国のムスリムとイスラーム学校／139
2 「ゲットー」と地域スポーツクラブ／144

3 異文化の境界に鳴るキックオフの笛／149
4 フィンランドにおける「継承語教育」／154
5 障害のある人のための「食育」／159
6 カラフル靴下が拓くダウン症への理解／164
7 LGBTQ＋関連のイベントと学校／169
8 デンマークの男性保育者／173
9 タトゥーと学校／177
10 学校の食堂で高齢者がランチ／181
11 平和の担い手を育てる体系的な取り組み／185
12 「こぼれ落ちた人たち」にも開かれた民衆大学／190

第4章 ゆりかごから墓場まで

1 デンマークの「森の幼稚園」／197
2 学びの土台をつくるデンマークの「0年生」／202
3 学校向けに多数のサービス ノーベル博物館／207
4 お誕生会は一大事！／211
5 放課後活動は楽団からピカチュウまで／215
6 コミュニケーションを生み出すデジタル端末／220

7　成績表が存在しないデンマークの多様なテスト／225
8　フィンランドの中退予防策　ＪＯＰＯクラス／229
9　ノルウェーの高校にある10の職業科コース／234
10　組織的カンニングに揺れるスウェーデン／238
11　スウェーデンの成人教育機関コムブクス／242
12　教師が皆、留学経験を持つ社会へ／246
13　キャリアチェンジと生涯学習を支えているもの／250
おわりに／255
初出一覧／259

0 北欧人教師との出会いから{もうすぐ}250年

日本人が北欧の教育に初めて触れたのは、カール・ツンベルクが1775年に出島に滞在した時のことだ。ツンベルクは梅毒の治療で目覚ましい成果を上げ、長崎市街への訪問が特別に許された。そこで、西洋人としては初めて、学生たちに直接指導を授けた。1年余りの短い滞在だったが、その間のドラマチックな展開は、時を経た今日でも胸躍らせるものがある。

船に乗りたくて医者に

ツンベルクはスウェーデンのウプサラ大学でカール・フォン・リンネに師事した。「分類学の父」と呼ばれるリンネは、弟子たちを世界中に派遣し、植物や動物の標本を集めさせていた。ツンベルクもその一人で、インドに渡って標本採集をしたいと強く希望していた。

当時、インドに行くにはオランダ東インド会社の船に乗るしか方法がなかったため、ツンベルクは

スウェーデンで印刷されたカール・ツンベルクの切手（出典：iStock.com）

医学を修め、船医として乗船した。しかし、最初の赴任地はインドではなく南アフリカだった。ツンベルクはここで3年を過ごし、熱心に植物採集にあたったという。3年のうちにオランダ語を習得し、その後、インド洋を経由して出島に向かった。

出島での生活は幕府の管理下に置かれた。ツンベルクはオランダ商館付の外科医として働いたが、他の外国人と同じように出島から出ることは許されなかった。標本採集を目的とするツンベルクにとっては厳しい条件だったが、出島に運び込まれる牛豚の飼料などに目をつけ、それらに付着した種子や昆虫を集め始めた。また、出島に出入りする日本人通訳や医師らと仲良くなって、医学や植物学の知識を書いたメモと交換して珍しい資料やコインをもらうようになった。

出島に優秀な医師がいるという評判は、通訳たちを通じてすぐに市中に広まった。当時の長崎では人々が梅毒に苦しんでいたが、優れた治療法を知るツンベルクは、診療のために特別に市街の訪問が許可された。

初めての西洋人教師としてのツンベルク

こうして念願の本土の地を踏んだツンベルクは、診療の傍らで学生を集めて指導を始めた。梅毒の治療法だけでなく、オランダ語や西洋式のマナーを教えたほか、ヨーロッパから持ち込んだ植物を見せて日本の植生との違いを講義したという。商館長に伴って江戸参府を果たした際にも、江戸で蘭学者らを指導している。ツンベルクは一般にはオランダから来た植物学者として知られるが、日本で初めてのスウェーデン人教師でもあったのだ。

出島に戻ったツンベルクは、厳しい監視に嫌気がさして、1年余りで帰国の途に就いた。インドネシアやスリランカを経由して1779年にスウェーデンに戻ると、その前年に師匠のリンネが死去していたことを知った。

ツンベルクはリンネの仕事と意志を継いで、その後50年以上にわたってウプサラ大学で医学と植物学を教え、学長も務めた。この間に、日本の植物や暮らしに関する本を執筆してヨーロッパに紹介し、後のジャポニズムの前史を築いたと言われる。

ツンベルクからトゥーンベリまで

ツンベルクは世界規模の標本採集プロジェクトに挑んだが、最近では同姓の環境活動家グレタ・トゥーンベリ（ツンベルクもトゥーンベリもつづりはThunberg）が地球温暖化問題に取り組んでいる。ツンベルクの航海とは時代も目的もまったく異なるものの、トゥーンベリもまた、ヨットで大西洋を横断したし、日本の若者や教育に影響を与えている。

日本の教育はこれまでも海外から多くを学んできた。そして、

ウプサラにあるツンベルクの墓（撮影：林寛平）

最近では日本の教育に対する海外からの関心も高まっている。これからも、互いに学びあう関係を築いていければと願っている。

（林寛平）

・Hayashi, K. (2022) What Japan Learnt from Swedish Education: From Thunberg to Thunberg. *Vägval i Skolans Historia*, 1/2022.

第1章

北欧モデルの現場から

北欧には学級委員のイメージが似合う。落ち着いた家庭で育ち、自由で理知的にふるまい、権威を嫌い、弱者を思いやる。持ち前の正義感はクラスメートの信頼を集めるが、環境や人権に敏感で押しつけがましい態度には内心で鬱陶しいと感じる人もいる。そんな学級委員にもうまくいかないことがあって、周囲の期待に応えきれなくなって悩んでいる。本章では、そんな優等生の輝かしい成功と挑戦、そしてその現場にある実はフクザツな事情をのぞいてみよう。

1

就学前から始まる「話し合う」生活文化

北欧を訪れたことのある人は、公共交通機関から劇場、図書館に至るまで、気持ちの良い空間が広がっていると感じるだろう。市役所のロビーに、北欧デザインの家具が無造作に置かれているのに驚いた人がいるかもしれない。気持ちの良い空間や家具が発達しているこのような北欧の暮らしの根底には、「話し合う」という生活文化がある。

話し合いの空間

北欧の暮らしはゆったりとしている。小学校では、広めの廊下にソファが並び、タブレットを手にした子どもたちが思い思いの姿で作業に没頭している。職員室は居間のような空間になっていて、オープンやコーヒーメーカーを備えたキッチンが付いている。官庁にも工場にも、大学にもオフィスにも、働く人や学ぶ人たちが一息つくためのスペースがあり、ローテーブルには果物が置かれている。

デンマークの学校での話し合いの様子（撮影：坂口緑）

そして、作業員だろうと学生だろうと、昼休みには大小のグループがあちこちでくつろぎながら、熱心に話し込む姿が見られる。

話し合いの文化は、就学前から始まっている。数年前、デンマークの森の幼稚園で「朝の会」を見学した。2歳から6歳までの10人くらいの子どもたちが、床の上に輪になって座り、週末の様子を報告していた。テレビでディズニー映画を見たことを、単語を並べて話そうとする2歳児の声に、みんながじっと耳を傾ける。6歳の子が「面白かった?」と尋ねると、2歳児の顔にぱっと笑顔が広がった。立派に話せた誇らしさと、伝わったことのうれしさ、そして認めてもらえた喜びが、いっぺんに表れたような表情だった。こちらまでにっこりしてしまう瞬間だった。改めて考えると、あなたに関心がある、あなたの話を聞いている、ということを、たった一つの質問で表現する6歳の子のファシリテーション力に、驚くほかない。

政治経済の「北欧モデル」と話し合い

話し合いの生活文化は、「北欧モデル」と呼ばれる政治経済的な諸特徴からも説明できる。

１９７０年代以来、世界各国から社会科学者たちが集まり、北欧諸国に共通する点は何かを話し合ってきた。決して一つの見解に収斂したわけではなく、現在も議論が続いているが、オーフス大学のメアリー・ヒルソン教授は「北欧モデル」の特徴を次のように説明する。

第一に、多党制から成る議会制民主主義である。一党独裁ではなく、二大政党制でもないため、課題に応じたチームをつくり、連立政権を成立させる必要がある。

オーフス市議会議場（撮影：坂口緑）

第二に、妥協による合意の政治である。多数派工作に終始する米国のワシントン型政治としばしば対比される。

第三に、話し合いによる労使交渉である。経営者と労働者が同じテーブルにつき、争議ではなく話し合いを通して問題を解決しようというスウェーデンの「基本協約」（１９３８年）の精神は、現在に引き継がれている。

第四に、福祉国家である。北欧諸国は、すべての人を対象に、公正かつ平等に、税によって維持される包括的な福祉制度を発達させてきた。

連立政権にも、妥協にも、労使交渉にも、話し合いが欠かせない。福祉国家の類型を論じたイエスタ・エスピン－アンデルセンは、このような政治経済がつくってきた北欧

話し合う生活文化（撮影：坂口緑）

北欧デザインにも福祉国家の思想が見られる（デンマークデザイン博物館）（撮影：坂口緑）

の福祉国家を「社会民主主義レジーム」と呼んだ。これは、高所得者であれ低所得者であれ、市民権を持つ者であれば誰でも同じ権利を持つとするタイプの制度である。誰もが快適な暮らしを送る北欧では、椅子取りゲームをしなくても、良い保育、良い教育、適正な職にアクセスできる社会を目指してきた。万が一失業しても、失業保険給付に加え、就業支援や職業訓練を受けられる。生まれつきの格差や不慮の災難は、個人の責任でもないし、家族で対応すべきものでもない。

ただし、社会民主主義レジームが成立するためには、前提が共有される必要がある。自分はたくさん働いたのだから他の人より優遇されるべき、という考え方はなじまない。特定のハンディキャップがある人、長く住んでいる人、あるいは競争の勝者に多くが配分されるべき、という考え方もそぐわない。公正で平等な福祉国家とは、誰もが安定した快適な暮らしを送る、という意味だからである。

国を越える人の移動が増え、移民や難民など多様な背景をもつ人々と共に暮らす社会が当たり前となった。市民権とは何か、言葉や文化をどれだけ理解すれば良いのか。福祉国家の再編期にあって、北欧諸国は、新しく市民となる人々と共に、学校教育や職業訓練、成人教育や生涯学習、就労支援の制度を、さらに発展させようとしている。妥協と交渉を重ねながら、話し合う生活文化を維持しようと、「北欧モデル」のアップデートは、現在も進行中である。

（坂口緑）

・Hilson, M. (2008) *The Nordic Model: Scandinavia Since 1945*. Reaktion Books.

・太田美幸（２０１８）『スウェーデン・デザインと福祉国家』新評論

2

「教育の輸出」に励むフィンランド

国際学力調査などで評価の高いフィンランドは、そのブランド力を生かして「教育の輸出」を進めている。政府は国家戦略を策定し、幼児教育から大学、ノン・フォーマル教育から職能開発まで、120社を超える教育企業の海外進出を後押ししている。

カタールのフィンランド式学校

ドーハにあるカタール・フィンランド・インターナショナル・スクール（Q.F.I. School）では、42人のフィンランド人教員が働いている。ユヴァスキュラ大学が中心となって起業した民間企業EduCluster Finland《エデュクラスター・フィンランド》社がフィンランドで採用し、カタールに派遣した経験豊富な先生たちだ。同校には0年生から11年生までの約700人の子どもが通っている。授業は英語で行われ、カリキュラムはフィンランドのものをアレンジして使っている。

多くの子どもはドーハ市内からスクールバスに乗って登校する。学校は午前6時半に開かれ、7時半から授業が始まる。フィンランドの学校で行われているように、授業では学習者中心のアクティブ・ラーニングが展開される。休み時間にサッカーをしたり、授業の合間におやつの時間があったりするのも、フィンランドと同じ風景だ。

一方で、入学者選抜があったり、制服を着用したりするのはフィンランドらしくない。ここは私立学校のため、年間130万円から190万円程度の授業料がかかる。これとは別に、入学試験料、入学手続料、制服代、スクールバス代、給食費、遠足費、課外活動費、ノートパソコン代が徴収される。学費が払えなければ強制退学となるのは、教育の無償性を特徴とするフィンランドとは大きく異なる点だ。

カタール・フィンランド・インターナショナル・スクール（撮影：林寛平）

この学校は2014年に開校した。カタール政府が建物を用意し、フィンランド政府の強力なバックアップのもとでEduCluster Finland社が運営している。同社はモルディブやオマーン、台湾やインドでもフィンランド式学校を展開している。

ノキアに代わる輸出産業を

フィンランド政府は2010年と15年に「教育の輸出」国家戦略を策定し、教育産業の国際化を推進してきた。同社以外にも120以上の企業がこの事業に参加している。事業者は海外向けに教員研修を提供した

フィンランド政府の「教育の輸出」戦略（2010年版）（出典：フィンランド教育文化省）

り、デジタル教材やSTEM教材を販売したり、学校運営やコンサルティングなどを行ったりしている。

政府が「教育の輸出」にここまで肩入れするようになったのは、08年の世界金融危機（いわゆるリーマン・ショック）が発端だ。金融危機によって政府債務が増大したことで、財政に大きなストレスがかかった。折悪く、稼ぎ頭だった携帯電話メーカー・ノキアも業績低迷に苦しみ、経済の先行きが見通せない時期に重なった。そのため、政府はノキアに代わる輸出産業を育てる必要性を強く認識していた。

フィンランドではこのころ、OECD生徒の学習到達度調査（PISA）で世界トップの好成績を上げたことから、その成功の秘訣を探ろうと世界中から視察団が殺到していた。特に中東や東南アジアからは、フィンランドに対して教育開発のアドバイザーやコンサルティングの依頼が数多く寄せられた。こういった状況に目を付けた事業者や政府関係者が、国家戦略の策定を推し進めていった。

広がる「教育の輸出」

「教育の輸出」は以前から行われてきた。例えば、大学が海外にキャンパスを設置したり、留学生を誘致したりする活動などだ。しかし、対象が義務教育にまで広がったのは２０００年代に入ってからだ。ニュージーランドが２００１年に教育輸出戦略を公表し、シンガポールも２００９年に国が出資する教育輸出企業を立ち上げた。

日本は輸出も輸入もしている。文科省などは「日本型教育の海外展開推進事業（EDU-Port ニッポン）」を通じて、教育産業の海外進出を支援している。日本の特別活動をモデル化し、「TOKKATSU《トッカツ》」としてエジプトの学校に導入したり、楽器や体育器具を指導者研修とセットで東南アジアに販売したりする事例がある。一方で、英国のボーディングスクールが日本に進出したり、海外事業者が提供する英語試験が入試や就職試験で用いられたりする事例などは、日本が海外から教育を輸入していると見ることができる。グローバル化の中で、輸出入両面での教育市場の開拓が進んでいる。

（林寛平）

・Ministry of Education and Culture (Finland) (2010) *Finnish education export strategy: summary of the strategic lines and measures, Based on the Decision-in-Principle by the Government of Finland on April 24, 2010*. Publications of the Ministry of Education and Culture 2010: 12.

・Hayashi, K. (2019) Education Export and Import: New Activities on the Educational Agora. Mølstad, C. E. & Pettersson, D. (eds.) *New Practices of Comparison, Quantification and Expertise in Education: Conducting Empirically Based Research* (1st ed., pp. 175-188). Routledge.

3 スウェーデンで広がるeスポーツ教育

スウェーデンの子どもたちの放課後活動といえばサッカーが圧倒的な人気で、フロアホッケー、乗馬、器械体操、水泳、テニスと続く。週に一度以上運動をしている生徒は中学校で67％、高校では74％に達する。ここに割って入るようにして、サブカルチャーとみられてきたeスポーツがメジャーになりつつある。

民主的・開放的なスポーツ競技を目指して

スウェーデンの国語審議会が「e-sports《イー・スポーツ》」を「新語」に登録したのは2013年のことだ。eスポーツはコンピュータやテレビゲームを使って他者と競い合うことを目的とするが、ポーカーなどの賭博は含まれない。2022年には世界で3億人以上のプレーヤーがいるとされ、スウェーデン国内でも競技人口が急速に増えている。スウェーデンではeスポーツ協会が発足し、全国体育協会に加盟している。サッカーやフロアホッケーと同じように、健全なスポーツ競技として社会的認知を広げようとしている。

ｅスポーツ協会を構成する地域クラブでは、２０１４年に「行動規範（Code of Conduct）」を策定した。ｅスポーツは大会で過度な競争をあおってトラブルが生じたり、高額の賞金を巡ってチート（ずる）をしたりする人もいるため、対策が課題になっている。「行動規範」では、大会の主催者に適正な運営のポイントをアドバイスしている。

プレーヤーに対しては、フェアプレーの大切さや対戦相手を尊重すること、肯定的な言葉掛けやコミュニケーションの重要性を説明している。また、プレーヤーの保護者に対しては、分からないことは子どもに尋ねること、そして保護者も関心を持ち、ゲームの基礎を学び一緒にプレーしてみること、そして子どもが参加する大会に行ったり、地域クラブの運営に参画したりすることを勧めている。

地域クラブを取りまとめるｅスポーツ協会は、関連法案に対する意見表明なども行っていて、ポジティブで民主的・開放的なイメージを普及させたい考えだ。

高校でｅスポーツが学べる

趣味や放課後活動であったｅスポーツだが、最近では正規の教育課程として取り入れる高校が増えている。スウェーデンでは、２０１５年に２つの高校にｅスポーツの専門科目が設置され、22年には18校以上の高校で83のｅスポーツ教育プログラムが提供されている。進学情報サイトによると、ｅスポーツ教育は人気があるが定員が限られているため、競争率が高くなっている。そのため、進学するにはしっかり勉強して成績を上げることが重要だという。

初めてｅスポーツの専門科目を設置したアーランダ高校は、体育に力を入れる学校だ。サッカーやハンドボールは国の指定を受けた本格的な授業を提供している。ｅスポーツは正規の課程になるため、生徒は大学進学の要件も満たすことができる。

授業ではプレーヤー育成のために、さまざまな指導を行っている。個人戦やチーム戦での防御、攻撃、調整などのゲームの実践を教えるほか、身体面、心理面でのトレーニングも行っている。さらに、ネットいじめやネット依存、ゲーム中毒といったｅスポーツの負の側面についても学ぶ。

職業としてのｅスポーツプレーヤー

スウェーデンのゲーム市場は、ヨーロッパで２番目に大きいと推計されている。最大の市場はロシアだが、スウェーデンの人口規模を考えるとその熱狂ぶりが分かるだろう。特にYouTubeやTwitchでのゲーム実況の消費が大きいことが知られている。

最近では、莫大《ばくだい》な賞金を稼ぐスター選手が生まれ、注目を集めている。スウェーデンのトッププレーヤーである「Ｓ４」ことグスタフ・マグナソン氏（28歳）は、これまでに３億円以上の賞金を稼いでいる。また、ヨテボリを拠点にする「The Alliance」のように、多国籍のプレーヤーが所属するチームも結成されていて、賞金ビジネスが成り立っている。こうしたプロ選手たちの華々しい活躍に憧れる中高生は多い。

（林寛平）

・Englin, J. (ed.) (2014) *An esports Code of Conduct, For players, organizers and parents*.

・Gymnasium.se (2022-12-14) Plugga e-sport på gymnasiet. Gymnasium.se. https://www.gymnasium.se/nyheter/inspiration/plugga-esport-11560.

4

6歳からの史料批判

スカンジナビア諸国は史料批判教育に力を入れている。情報ソースを批判的に吟味するための教育だ。フェイクニュースが飛び交い、SNSではうわさ話が瞬く間に世界中に広がる時代になった。子どもたちも、幼いうちからウィキペディアやブログ、雑誌や学術書など、さまざまな媒体に触れていて、早い時期から情報の正確さを見抜き、妥当性を見極める力を身につけることが求められている。

北欧流史料批判とは

歴史学研究では、史料をさまざまな側面から検討し、その正当性や妥当性を批判的に分析する手法が広く用いられてきた。歴史的事実の認定は難しく、時に偽造、時代の誤認、誤った説明や解釈、ゆがめられた評価などの問題が生じるため、史料の吟味は重要な課題だ。

一方で、この伝統から独自に発展して、デンマークやノルウェー、スウェーデンでは、参考資料を適切に参照・引用し、書誌情報を正確に表記すること、情報ソースを批判的に検討すること——といった作法を「史料批判（Källkritik）」と呼んでいる。

例えば、子どもたちが調べ学習をするとき、ウェブサイトや本、新聞などの情報源に当たるとする。その資料は公的機関が発行しているものなのか、あるいは特定の主張を宣伝する個人や団体が作ったものなのか、宗教や企業などの自己利益のための広報なのか。掲載されている情報の正確さを評価するためには、誰が、どのような目的でその資料を作っているのかを理解する必要がある。

また、その資料がよりどころとしている出典に偏りがないかを判断するために、出典が表記され、一次史料を適切に引用しているのかどうかを調べる必要もあるし、最新の情報が反映されているかどうかを判断するために、記事の公開日や更新日が明記されているかなどの情報を集める必要もある。加えて、他の資料との比較によって、ある物事や出来事をさまざまな立場や側面から理解する必要がある。

高まる史料批判教育の必要性

さまざまな人種、宗教や出自の子どもたちを抱えるスウェーデンの学校では、グループでの調べ学習の際に多様な価値観に遭遇する。コロナ禍においても、移民の子どもたちが出身国の政府が発表している情報を根拠に無断欠席したり、ウイルスに関する真偽が不確かな情報が流布したりした。このような日常的な課題意識から、学校は史料批判教育にとりわけ熱心に取り組んでいる。

学校教育庁が２０１８年に行った調査では、基礎学校高学年（日本の中学校に相当）と高校の、ほぼすべての教員がネット情報の史料批判を教えていた。ネット上にはテキスト情報だけではなく、画像や音声ファイルなども掲載されていて、最近ではディープフェイク動画なども氾濫していることから、情報ソースの特性に応じた適切な扱い方を教えることは日増しに重要になっている。

6歳からの史料批判

学校教育庁はウェブサイトで史料批判教育の重要性を説明し、指導のポイントやチェックリストを紹介している。また、就学前クラス（主に6歳児が通ういわゆる0年生）の段階から、教師がどのように史料批判を教えるか、具体的な取り組みを紹介している。

6歳といえば、アルファベットを習い始め、絵本をたどたどしく読むようなころで、史料批判はまだ早いと思われるかもしれない。しかし、史料批判教育の第一人者であるリセロット・ドレイスタム氏は「5年生になって初めて史料批判を始めるようでは、生徒は受け入れるのが難しくなります。彼らは『ググって確かめたから大丈夫だよ！』と思うでしょう。なので、最初から正しく学ぶ方がよいのです」と主張する。

子どもが幼すぎて、史料批判をどう教えたらよいか分からない、という先生たちに向けて、ドレイスタム氏は次のような実践例を紹介する。まず、動物が魚の目や排せつ物、ごみなどを食べる物語を読み聞かせる。人間が食べないような、汚いものを食べる動物たちがいるという話だ。

その後、この本の著者がどうやってこれらの事実を見つけたのかを、子どもたちに問う。6歳の子たちは、さまざまな回答を思い浮かべる。インターネットで調べたのではないか、図鑑を読んだのではないか、あるいは動物が食事をする場面をこっそり観察したのではないか。６歳の子どもたちが情報を入手する方法をよく知っていることに驚かされる、とドレイスタム氏は言う。

「史料」というと６歳には難しい単語に思えるが、例えば動物や植物など、教室で学ぶ内容に応じていろいろな情報ソースを紹介し、それぞれの特性を学んでいけば、それほど難しいことではない。

また、幼児に大人気の漫画バムセ（Bamse）を使った史料批判の教材も販売されている。バムセ（クマ）が「だまされないようになる薬ってある？」とスカルマン（カメ）に問うと、スカルマンは「もちろん、すごいのがあるよ」と答える。リッレ・スクット（ウサギ）が「何て名前？」と尋ねると、スカルマンは得意げな表情で「知識だよ」と答える。史料批判の重要性を訴える２コマだ。

TEMA: KÄLLKRITIK!
BAMSE
人気漫画バムセを用いた史料批判教材（提供：© Rune Andréasson 氏）

FINNS DET INGEN MEDICIN MOT ATT BLI LURAD?
JO, EN ALLDELES UTMÄRKT.
VAD HETER DEN?
KUNSKAP.
「知識」の重要性を訴える２コマ（提供：©Rune Andréasson 氏）

高校の探究学習でウィキペディア執筆

小さいうちから史料批判を学んだ子どもたちは、高校に入るとレポートの書き方として、文章の引用の仕方、他の文献からアイデアを参考にした時の表記の仕方、引用文献の書誌情報の記載方法など、より具体的で体系的な作法を学ぶ。

それらは、正しい知識として覚えるだけではなく、実際に使う中で身につけていく。しかも、学校の中だけではなく、現実社会の中で、さまざまな専門分野に関わって必要な内容として学習する。

例えば、北欧の歴史と文化を展示している北方民族博物館は、「ウィキペディアに文化史を書き込もう」という学校向けプログラムを提供している。文化史を学んだ高校生が、高校での学習を締めくくる卒業課題として取り組むことができる。

北方民族博物館に所蔵されている資料やアーカイブを利用して、高校生がテーマを決めて、ウィキペディアの記事を作る。この活動は２０１６年に始まり、毎年２〜５校が参加している。

北方民族博物館による高校生向けの史料批判講座
（提供：Sara Mörtsell 氏）

テーマ設定から記事公開に至るまでには、文献調査、引用する資料や写真の収集・選定、記事の構成、執筆と編集などのステップがあるが、そのために必要な学習や支援が準備されている。ウィキペディアの運営に関わる「ウィキメディア・スウェーデン」の協力を得て、記事作成や編集の方法などの学習動画も用意されている。

新しく作成された記事は、スウェーデンの文化人や事件から、「１９２０年代のスウェーデンの服装と流行」「スウェーデンの児童労働」といった文化・社会的事項まで、50項目にものぼる。これに加えて、既存の60以上の記事が加筆された。すべて実際のウィキペディアのページで公開されている。各記事には多くの引用・参考資料が明記され、アーカイブからの引用のほか、研究論文、小説・随筆などの出版物、ウェブサイトなどからの情報が史料批判を経て利用されている。

誰もが書き込めるウィキペディアの記事について、日本では、信用できないと一蹴しがちである。しかし、丁寧に検討すれば利用できるし、利用できる情報を自分たちが作成することもできる。彼らは、インターネット上の記事の信頼性の向上にも貢献しているのだ。

こうした学習は、大学に入ってからの学術論文の書き方にまでつながり、長く系統的な学習の一部となっている。

（林寛平・本所恵）

・Skolverket (2022-03-02) *Guide till källkritik för lärare*. https://www.skolverket.se/skolutveckling/inspiration-och-stod-i-arbetet/stod-i-arbetet/guide-for-kallkritik-for-larare.

・Nordiska Museet (n.d.) *Att skriva kulturhistoria på Wikipedia*. https://www.nordiskamuseet.se/skolan/samarbeten-med-skolor/att-skriva-kulturhistoria-pa-wikipedia.

5 教師から政治家に

ノルウェーでは2021年9月に国政選挙があった。政治に対する国民の関心は高く、投票率は77％に達した。そして議員総数169人のうち、今回13人が元「教師」であると報道された。

「教師」が国政に参加する

13人の元「教師」の中には、大学の教員養成課程を出た、という意味で「教師」とされている人もいるが、実際に議会に入る前に教員や管理職として現場にいた人もいる。例えば、労働党のエーヴェン・A・ローエ議員はコングスベルグ市の高校教員だった。現場の実態や、同僚から聞く課題などから、高校における職業教育をより強化しなければならない、という思いをもって国政に入るようだ。

赤党のヘーゲ・B・ニーホルト議員はノルウェー議会で唯一、幼稚園教師の資格を持つ。彼女はトロンハイム市の公立幼稚園（幼保一元化された施設）で教育リーダーを務めていた。幼稚園、児童福祉、学校、保健・社会サービスといった、女性が大半を占める職業を代表して声を上げたいと考えている。また、幼稚園の無償化や教職員の給与引き上げを目指すという。

校長経験者もいる。労働党のニルスオーレ・フォスハウグ議員は、教員として長年働いた後、中学校の校長を務めた。労働党のマリアンネ・S・ナス議員は、教員として働いた後、病院の部門長を務め、その後、高校の校長になった。社会左党のムーナ・L・ファゲロース議員も教員を務めた後、校長になっている。

地方では兼業、身近な人が「政治家」

彼らの経歴からは、教師や校長から国の政治に参加するというルートが、少なからずあることが分かる。一方、経歴を見ると、教職や管理職に就いていた時期に、兼業で地方政治に関わっている人もいた。例えば、先述のファゲロース議員は、教員や校長だった時期に、市議会議員も兼務していた。また、ナス議員は校長であった時期に副市長も務めていた。ノルウェーでは、地方政治は、他のフルタイムの職業を持った人が兼業で行っていることも多い。そのため、学校の先生でありながら、地方議会の議員である、

ノルウェー議会（撮影：中田麗子）

ということもありうるわけだ。

教師や校長が政治家になる、あるいは政治家であるという状況は、２つの意味で興味深い。１つは、学校や幼稚園の現場を経験している人が政策を立案できるという点だ。現場の実態や同僚の声を代表して、声を上げることができる。

もう１つは、子どもや若者の政治参加への影響という点である。ノルウェーには、学校における模擬選挙や、政党青年部の活発な活動など、子どもや若者に政治参加を促す仕組みが多く存在する。それに加えて、身近な大人が政治に関心をもっており、実際に「政治家」として政治に参加している姿は、何よりも説得力のある教材だろう。

（中田麗子）

・Ropeid, K. (2021-10-01) Even (29) går fra lektorjobb til Stortinget. *Utdanningsnytt*. https://www.utdanningsnytt.no/stortingsvalget-2021/even-29-gar-fra-lektorjobb-til-stortinget/297820.

・Ropeid, K. (2021-10-03) Tar barnehageopprøret inn på Stortinget. *Utdanningsnytt*. https://www.utdanningsnytt.no/politikk-rodt-stortingsvalget-2021/tar-barnehageoprroret-inn-pa-stortinget/297925?fbclid=IwAR13C4lgwBOd3Ig5Zp-PPcfJVQAM8pmB6hKZAsS1Y1_HBzuEVmUFnR8M8hc.

・Utdanning.no (2019-04-15) Yrkesbeskrivelse Politiker. *Utdanning.no*. https://utdanning.no/yrker/beskrivelse/politiker.

6　平等の国アイスランドの私立園

アイスランドは、世界で最もジェンダー平等が実現している国だ。世界経済フォーラムが発表するジェンダーギャップ指数では、10年以上連続で第１位に君臨している。父親の８割ほどが育休をとり、国の議員の４割弱が女性だ。この国のある私立園（学校）チェーンは、男女平等のためのユニークな教育方法を実践している。

男女別のクラスで平等を促進

ヤットリ・モデル（Hjalli-model）と言われる教育方法は、１９８９年にマーガレット・パラ・オラフスドッティル氏によって始められた。現在ではアイスランド国内で14のプリスクールと３つの小学校がヤットリ・モデルを導入しており、一大チェーンとして運営されている。海外にも同モデルを導入する園がある。

この教育方法の特徴は、男女別のクラスを編成し、それぞれに「埋め合わせ」の教育を提供することだ。例えば、女の子には、勇気と自信をもって、自分の言葉ではっきりと意見を言うことを学ばせる。同校のウェブサイトには、机や窓枠から思い切って飛び降りる女の子たちの写真が掲載されている。

一方、男の子には、お互いを思いやり、やさしくすることを学ばせる。人形遊びもするし、クラスメートの髪の毛を整えてあげる子もいる。男女ともに、制服はジェンダー・ニュートラルなTシャツやパーカー、スウェットパンツなどだ。

机から飛び降りる女の子たち（提供：Hjallastefnan）

オラフスドッティル氏によれば、男女が一緒のクラスにいると、お互いを見ながら男女それぞれの性に特徴的な役割を引き受けてしまうことが多く、教員から得る注目度合いも異なる。あえて男女別のグループにすることで、「おとなしくてやさしい女の子」や「強くて活発な男の子」という役割から解放し、それぞれの子どもに平等な機会を与え、可能性を最大限に引き出そうというわけだ。

現在、アイスランドのプリスクールに通う子どもの８％がヤットリ・モデルの園に通っているという。設立当初は、「超ラディカル」と言われたモデルだが、国内では一定の評価を得ていると言える。親子2世代にわたって同モデルの園に通う家庭もある。

夕食や洗濯サービスも

ヤットリ・モデル有限会社は、企業ならではのサービスにも取り組んできた。2017年には「生活を楽にしよう」というプロジェクトのもとで、健康食レストランと協働して、持ち帰りができる夕食サービスを実施した。希望する親は、子どもを迎えに行くときに、一緒に夕食も持ち帰ることができる。

また、同年に洗濯サービスも開始するとした。専用の洗濯バッグに家庭の洗濯物を入れてプリスクールに預けると、数日後に洗濯されて戻ってくるという仕組みだ。このサービスが報道されると、さまざまな議論が起こった。ある議員は「教育機関は教育を提供すべきで、家事サービスを行うべきではない」と批判した。オラフスドッティル氏は、プリスクールは媒介になるだけで、実際に洗濯をするのは洗濯事業者であり、批判は誤解にもとづくと主張した。メディア上の議論では、「昔は家事をすべて自分たちでやっていた。なぜ今はできないのか」といった高齢世代の意見や、「どうして自動車を洗うサービス（いわゆる男性的な仕事）を買うことはOKで、洗濯サービス（いわゆる女性的な仕事）になると議論が巻き起こるのか」といった指摘も挙げられた。

オラフスドッティル氏は、自分たちは育休を延長させたり、労働時間を短縮させたりすることはできないが、何らかの働き掛けはできると述べている。現代の忙しい保護者が子どもとのゆっくりした時間を持てるようにしたいというのが、サービスの背景だ。ヤットリ・モデルは、子どもたちへの直接的な影響だけでなく、子どもたちが住む社会や家族の在り方にも積極的に働き掛けているのだ。

一方で、教育に営利企業が参入し、私事化（プライバタイゼーション）が起こることを懸念する人もいる。ある研究者は、ヤットリ・モデルの標準化された実践を、管理と予測可能性などに特徴づけられる「マクドナルド化」理論と重ね合わせる。同モデルのチェーン校では、すべての学校でカリキュラム、空間や教材・教具、スケジュール、制服などが標準化されている。別の研究者は、私立校が増え、学校選択制が進展した場合、将来的には社会における不平等の拡大につながると懸念する。平等を推し進めようとする教育企業と、企業の進出による教育の市場化が引き起こしうる不平等――。アイスランドにおける、このせめぎ合いの行方に注目したい。

（中田麗子）

・Dýrfjörð, K. & Magnúsdóttir, B. R. (2016) Privatization of early childhood education in Iceland. *Research in Comparative & International Education* Vol. 11(1) 80–97.
・Iceland monitor (2017-01-03) Reykjavik playschool offers ready made healthy dinners for children's families. *Iceland monitor*. https://icelandmonitor.mbl.is/news/culture_and_living/2017/01/03/reykjavik_playschool_offers_ready_made_healthy_dinn/.
・Ólafsdóttir, M. P. (2013) Not Only Children - They are Boys and Girls: Margrét Pála Ólafsdóttir at TEDxReykjavík. https://youtu.be/bTamWDbqbQI.
・The Hjalli Model (n.d.) Introduction. https://www.hjallimodel.com/.

7 フィンランドの「村の学校」の行方

フィンランドに「キュラコウル（村の学校）」という言葉がある。この言葉は、単に「村にある学校」を意味するのではなく、「小さな学校」という意味も含んでいる。フィンランドでは、人口密度が低い中でも学校を広く点在させることによって密な「学校網（学校の地理的な配置を指す概念）」を構築し、誰もが近隣の学校で最善の教育を受けられるように教育制度が作られてきた。この中で「村の学校」が果たしてきた役割は大きい。しかし、近年、「村の学校」を巡る状況が大きく変化している。

進む学校の大型化

児童・生徒数50人未満の小規模校は２００５年には小中学校の30％を占めていたが、２０２１年には14％にまで減少した。その背景には、都市化と少子化という先進国共通の課題に加え、自治体の

豊かな自然を生かした授業風景（撮影：渡邊あや）

再編統合や施設併設型の小中一貫校の拡充といった政策があった。さらには、厳しい冬の寒さゆえ、施設の維持管理費が高額になるというフィンランドならではの問題もある。これらが相まって、学校の統廃合が進み、学校の大規模化が進んでいるのである。実際、全学校数に占める児童・生徒数500人以上の学校の割合は、2005年から2021年の間に4・1%（138校）から14・6%（304校）に増加している。

消えゆく「村の学校」

そんな状況を体現するかのような学校を、2019年8月に訪問した。フィンランド東部にあるその学校では、1年生から6年生までの児童26人が学んでいた。同校の教員の話からは、家族的な雰囲気の中、複式学級を前提としつつ、場に応じた学習集団を形成することで、多様な学習が展開されていることがうかがえた。

2017年に閉校案が示されると、地域の人々は反対の声を上げた。「○○学校は世界一の学校」「○○学校に通いたい！」と書かれたボードを掲げて学校の継続を訴える子どもたちや地域の人々の姿が、メディアなどでも広く伝えられた。反対運動では、地域に密着した学びなど、小さな学校の良さのアピールも行われたが、結局、2019年の12月に正式に閉校が決まり、翌年8月から町の中心部にできた新設校へと統合された。

統合された学校は小中一貫型で、330人の児童・生徒と40人の教職員が在籍している。「学校センター」と呼ばれる敷地には、町唯一のルキオ（日本の高校に相当）や、成人教育センター、音楽学校、図書館なども併設されている。

建設中の新設校（撮影：渡邊あや）

学校の再編統合は自治体の経費節減が大きな要因であったが、実際には大規模な教育施設の新設も、小さな自治体にとっては大きな投資だった。子どもたちの健康への懸念から、町にあった3つの学校すべてについて改修が必要な状況とされる中、自治体は、自らの「学校網」をどうしていくかという問題に直面した。文字通り、町を二分するような議論が起こったのだ。

「学校網」をどうデザインするか

学校の統廃合は、全国で問題になっている。2020年に国家教育庁は、人口予測や学校数の変遷などのデータを基に、フィンランドにおける「学校網」の展望について試算を行った。この試算にもとづき、3つのシナリオが提示されている。

１つ目は、２０４０年には学校規模が拡大し（つまり、統廃合が加速し）、学校数が現在の半分になると予測するドラスティックなもの。２つ目は、学校規模は変わらず、学校数は現在の４分の３程度に減少するという楽観的なもの。そして、３つ目は、学校数をなるべく減らさないようにするための国レベル・地方レベルの取り組みが奏功し、学校規模は多少大きくなるものの、学校数の減少は現在の３分の２程度までに抑えられるとするものである。子どもたちが近隣の学校に通うことを最大限保障できるのは２つ目のシナリオであるが、最も可能性が高いとされたのは３つ目のシナリオであった。

「学校網」をどうデザインするかは、学校設置者である基礎自治体が決める。国家教育庁は、そのことを確認した上で、「予測とは、将来実現したいことを定義し、それに沿って行動を設定すること」と述べる。「すべての子どもと若者は、居住地にかかわらず、平等で質の高い基礎教育を受ける権利があり、この原則は将来的にも適用される」と報告は締めくくられている。フィンランドが描く「学校網」の未来は、どのようなものであるのだろうか。

（渡邉あや）

・Nyssölä, K. & Kumpulainen, T. (2020) *Perusopetuksen ja kouluverkon tulevaisuudennäkymiä*. Helsinki, Finland: Opetushallitus.

・Pölkki, M. (2022-11-21, updated on 2022-11-23) "Koulujen Katovuodet." *Helsingin Sanomat*. https://www.hs.fi/kotimaa/art-2000009124230.html

8 揺らぐ「民主主義のモデル」としての学校

デンマークでは、生徒が学校の意思決定に参加する機会が多いと言われる。学級会では、クラス旅行の計画や駐輪場の修繕、各教科の学習内容など、さまざまなトピックが議論される。生徒が最終的な意思決定もできることが特徴だ。国民学校法には「学校自体が民主主義のモデルになること」と明記され、目標とされてきた。しかし、近年の改革ではそのモデルが揺らいでいる。

民主主義を教えすぎた？

これまで政府は民主主義や平等、社会的連帯に価値を置いてきたが、中道右派政権が発足した2001年以降大きく方向転換した。国際学力調査の成績が振るわず、「民主主義を教えすぎた」という声が上がった。2010年には「デンマークの生徒は世界で最も優秀でなければならない」という文言が政策文書に掲げられるようになった。

試験や競争、評価が強調される中で、人権や多様性を擁護する民主主義の理念を理解し実践することは難しいと、英国バース大学のハリエット・マーシャル講師は指摘する。とりわけ2014年の教育改革により授業時間が増え、教師も子どもも多忙になり、ゆとりがなくなった。

デンマークの学校を特徴付けるのは、生徒にできるだけ自由を委ねるカリキュラムや教育方法、生徒の自立性と自主性、協働的な学びを支える教師、民主的な組織としての学校——といったことだ。しかし、こうした特徴は今日、大きな変化の波を受けている。

例えば、基礎学校では1975年から、子どものクラスへの参加や話し合いによる民主主義の学習という位置付けで「クラスの時間」があった。授業を気にすることなく、クラスでの課題や学校に提案したいことを話し合う「クラスの時間」は、民主主義の過程を学ぶ機会として重視されてきた。しかし、「クラスの時間」は2014年の教育改革で廃止されることになった。

奮闘する現場

一方で、対話を基礎とした生徒参加を維持し、学校の自律性を残そうという現場の奮闘も見られる。2000年代に全国学力テストが導入された際、教育関係者は強く反対した。その結果、教育省は結果の全国的な公表をやめ、子ども・保護者へのフィードバックのみとなった。さらに結果は、学びや学校改善に活用されることになった。

また、これまで尊重されてきた教師の自律性も次第に限定的になっているが、トップダウン化が進むことに危機感を抱く校長らは、教育目標や評価を、子どもや教師、保護者の視点に立ち、現場の文脈に合わせようと奮闘している。デンマーク教育大学教授のレイフ・ムースは、現場と生徒を一番知っている専門家は教師であり、その声を尊重するべきだという信念が、校長の努力を支えていると指摘する。

学び合う基礎学校の教師ら（提供：Folkeskolen.dk）

　とはいえ、国際的に見るとデンマークの生徒はまだまだ民主的な学校を謳歌《おうか》している。国際教育到達度評価学会（IEA）が実施する国際市民・シチズンシップ教育調査（ICCS）によれば、参加した24カ国中、デンマークの生徒は教室の雰囲気を最も肯定的に捉えており、開かれた教室の雰囲気が子どもの市民性の学習にポジティブな効果を与えていることが明らかになった。教師は生徒が発言しやすい環境をつくっていて、生徒は自由に政治的・批判的な議論ができると感じている。教師に対して反対意見を述べる自由もある。

　社会や教育行政の大きな変化の中で、生徒の声を聴き、教師の専門職性や学校の自律性を守るのは容易ではない。しかし、学校の主役は生徒であることを再認識し、学校が民主的な組織として機能するよう努力を重ねることが、生徒を無気力にすることを防ぎ、民主主義とは何かを学び、実践する市民の育成につながるのではないだろうか。

（原田亜紀子）

- Biseth, H., Hoskins, B., & Huang, L.(eds.) (2021) Northern Lights on Civic and Citizenship Education A Cross-national Comparison of Nordic Data from ICCS. Springer.
- Bruun, J. (2021) Civic and Citizenship Education in Denmark 1999–2019: Discourses of Progressive and Productive Education. In *Influences of the IEA Civic and Citizenship Education Studies* (pp. 49-62). Cham: Springer International Publishing.
- Moos, L. (2005) How do schools bridge the gap between external demands for accountability and the need for internal trust? *Journal of Educational Change*, 6(4), 307-328.

9 担い手不足の学校理事会

「校庭の景観をどうするか」「いじめ対策にどう取り組むか」「校則をどうするか」。保護者、教職員、生徒の各代表で構成されるデンマークの学校理事会（Skolebestyrelsen）は、さまざまな形で意思決定に関わっている。

デンマークでは、学校づくりの主体が親や市民、地域社会であるという意識が根付いている。国民学校法第1条では保護者による協力の重要性が述べられ、保護者の学校参加が保障されている。

しかし近年、学校理事会の担い手が不足しているという。

大きな裁量を持つ学校理事会

学校理事選挙は4年ごとで、保護者代表が5～7人選出される。理事会では保護者が過半数を占め、会長も保護者が務める。教職員と生徒の代表は2人ずつで、いずれも1年ごとに選ばれる。

学校理事会の様子（撮影：Lars Bertelsen 氏）

校長は出席するが投票権は持たず、書記などの事務的な役回りを担う。また校長は、必要な情報を提供し、理事会が決定した指針を遂行する責任を負う。

開催は年に10回程度だ。一般的には午後から夕方にかけて、毎回２～３時間にわたって行われる。議題によっては地方議会の議員に出席を求めることもある。理事会では学校目標やカリキュラム、授業時間数、選択科目、校則などを決める。また、予算の使い方、使う教材、補助教員の採用、施設開放の承認なども行う。さらに、校長や教職員を採用する際に意見を述べたり、学校の改善活動を提案したりもできる。

学校理事会にはなぜ、これほど大きな裁量が与えられているのか。背景には、１９９０年代の地方分権化改革がある。国は大枠とガイドラインを定め、具体的な方策は地方自治体や学校で決めるようになり、学校のリーダーシップと保護者の影響力、そして自律性が認められることになった。この時に学校委員会が学校理事会に置き換えられた。これには、教育の質や保護者の権限が少ないことへの不満を解消し、その改善を図るという意味合いがあった。それに加えて、学校の意思決定を利用者に近づけることで、民主主義を広めるという目的もあった。

新鮮な目をもつ「素人」だからこそ

教育省が1998年に発行した冊子では、学校理事会には学校での活動と家庭とのつながりを保護者に理解してもらい、学校に影響を与えられることを知ってもらう役割があると述べられている。また、保護者は「アマチュア（素人）」としての意見をまとめ、伝えていくことが大切だとされている。慣習にとらわれない新鮮な目で学校を見直すことに意味があるのだ。校長や教員が同じ学校に何年も勤める中でパターン化してしまった事柄を、保護者は異なる背景や経験をもつ立場から捉え直すことができる。そのため、保護者には必要に応じて、学校を変え、改善していくことが期待されている。

全国の85％の学校理事会が全国組織「学校と保護者」に参加している。これは各学校での活動を支えるための団体で、政治家へのヒアリングやロビー活動、カウンセラーによる保護者相談、学校理事会運営のための研修などを実施している。学校理事会は生徒会と並んで、民主主義の実践の場を保障しているとも言える。

影響力は獲得するもの

民主的な学校運営に重要な役割を果たす学校理事会だが、近年は担い手不足が課題となっている。各自治体は、学校理事会への関心を喚起し、参加してもらうために、SNSに動画を投稿するなど、さまざまなキャンペーンを実施している。保護者代表のある女性は、「ほとんどの人は多くの時間を費やす割に得るものがないと考えていると思う。実際は違うはずなのに」と述べる。一方、自治体改

なごやかな雰囲気で行われる理事会（撮影：Lars Bertelsen 氏）

革に詳しい研究者は、「保護者は学校に十分満足しているため、学校理事会や選挙に参加する意欲がないのかもしれない」と考察する。

コペンハーゲン市の担当者は「十分な人数を採用できていない学校もある。任期中に交代する事例もある。私たちは別の方法を考える必要がある。学校だけでは成長していくことができず、保護者の協力は不可欠だ」と述べている。

学校理事会における保護者の関与に関する課題も指摘されている。多くの保護者は生徒全体のウェルビーイングよりもわが子の学業や進路に関心があると指摘する研究もある。また、教員や校長の一部には、保護者から教育活動に干渉されることへの抵抗感があるという。このような関係性により、学校理事会が期待されるほど影響力を持てていないと指摘されている。

「学校と保護者」の代表者は、担い手不足について、「確かに学校理事会選挙の多くは複数の候補者が出ず、信任投票になっている。一方で、空席がある学校理事会はほとんどない。デンマークの保護者は両親ともフルタイムで働くのが一般的で忙しい。また学校理事会はボランティアであるため、関心が減る傾向も確かにある」と述べている。

他方で、国民学校における民主主義はよく機能していると考えており、「もしどこかの学校理事会から、自分たちには学校への影響力がないがどうしたらよいか、と助言を求められたら、影響力を高めるための方法を助言する。影響力は決して与えられるものではない。獲得していかなくてはならないものだ」と述べている。

（佐藤裕紀）

・ＯＥＣＤ教育研究革新センター（１９９８）ＯＥＣＤ教育研究革新センター著『親の学校参加――良きパートナーとして』学文社、113―134.

・Anne, D.P. (2018-04-16) *Mor og far mangler på stemmesedlen: Flere kommuner går ind i jagten på forældre til skolebestyrelsen*. https://www.dr.dk/nyheder/ regionale/ hovedstadsomraadet/mor-og-far-mangler-paa-stemmesedlen-flere-kommuner-gaar-ind-i.

・Skole og forældre (n.d.) https://www.skole-foraeldre.dk/.

10 スウェーデンのエリート高校

スウェーデンにはかつて、国立のボーディングスクール（寄宿制学校）が３校あった。ストックホルムの北にあるシグチューナ校（SSHL）は１９２６年に創設され、現国王や元首相らが通った。ヨンショッピンにあるグレンナ校（Grennaskolan）は１９６３年に創設され、国際共修の先駆けとなった。卒業生にはザンビアの財務大臣やアフリカ開発銀行総裁などを歴任したアレクサンダー・チクワンダらがいる。ルンズベリ校（Lundsbergs skola）は最も古く、１８９６年に創設された。カール・フィリップ王子をはじめ多くの王室関係者が通った。格式ある校舎、歴々の卒業生が過ごした寄舎、そして厳しい選抜とスパルタ教育。エリート校における伝統の教育を見ていこう。

ハイ・ソサエティ・クラブ

シグチューナ校のウェブサイトには、国王カール・グスタフ16世が卒業試験のねぎらいに学校を訪れたときの写真が掲げられている。学校の歴史を紹介するページには、富豪や投資家、誰もが知っている著名人の名前が卒業生リストに並ぶ。まさに、選ばれし上流階級のための学校だ。同校は海外に住むスウェーデン人の子息を寄宿舎で受け入れ、教育することを目的に建てられたが、スウェーデン在住の寄宿生や近隣に住む通学生も受け入れている。基礎学校7年生（日本の中学1年生に相当）から高校生までの約700人が通う敷地には7つの寄宿舎があり、約200人が寮生活をしている。スウェーデン語による授業はもちろん、英語によるインターナショナル・バカロレア（IB）コースも提供している。

ボーディングスクールの魅力は放課後にある。同校は湖畔に立地し、美しい自然に囲まれている。広大なグラウンドやテニスコート、バスケットコートや体育館、図書館にカフェ、購買も隣接している。森での散歩や湖でのボート競技、演劇、楽器の演奏、エアロビクス、ヨガ、ゴルフ、テニスに乗馬――。寮では「寮親」がさまざまな相談に応じてくれる。生徒たちは思春期の長い共同生活を通じて、家族のように親密な関係になっていくという。

実験的な国際学校

グレンナ校は風変わりな高校として1963年に始まった。当初は、スウェーデンの生徒と外国の生徒が共に学び、教師も外国から招聘《しょうへい》することを計画していた。授業も当時としては先進的で、一斉授業だけでなく、大グループや小グループに分けて指導を行った。

同校は68年に英国に、翌年にはフランスとドイツに系列校を設置している。70年にはニューヨークやパリ、フランクフルトやジュネーブなどの10校のインターナショナル・スクールとともに、世界で初めてインターナショナル・バカロレア（ＩＢ）試験を実施した。しかし、補助金のカットが経営に響き、１９７４年には海外の学校をすべて閉鎖した。その後、学校はヨンショッピン市に売却された。

公立学校になってしばらくは、基礎学校７年生から高校生までの約２００人の生徒が通っていた。ＩＢプログラムを提供し、高い教育力と魅力的な環境をアピールしていた。また、自然豊かな環境で余暇を過ごしながらスウェーデン語か英語を学べる３週間のサマースクールが人気だった。

しかし、近年は生徒数が減少し、経営を圧迫していた。ヨンショッピン市では１５０人程度の生徒が通わないと収支が合わないと見積もっていたが、１００人程度の生徒しか集まらず、入学希望者も減り続けた。これにより、毎年の赤字額は５０００万円に上り、地方の自治体には大きな負担となっていた。関係者の奮闘もむなしく、２０１９年の卒業生をもって閉校となり、歴史的な校舎はヨンショッピン大学の関連会社に売却された。

旧グレンナ校の校舎（撮影：澤野由紀子）

スウェーデン最古のボーディングスクール

ルンズベリ校は英国のボーディングスクールを模してつくられた。林業と鉄鉱業で財を成した実業家のウィリアム・オールソンが義理の両親から田舎の土地を買い取り、生徒５人からスタートした。将来の権力者を育てるという理想をもった同志たちが、スパルタ式で男子を教育する施設だった。

英国のボーディングスクールは大学への進学準備をメインにしていたが、オールソンは職業教育を重視した。戦前の記録によると、課外でも人格教育に取り組むなど、当時最も進歩的な教育だと評されていた。中でも乗馬は当初から有名で、１９１２年に開催されたストックホルム五輪では、同校の生徒２人がスウェーデン代表として参加した。

同校には、基礎学校９年生（日本の中学３年生に相当）から高校生までの生徒約２２０人が通う。スウェーデンの学校は学費の徴収は認められていないが、寄宿制学校では、本来は保護者が行うべき教育を学校が肩代わりしているという理由から、特例的に授業料の徴収が認められている。同校では年間約３００万円から４３０万円の授業料と、３００万円程度の寮費が必要になる。入学願書を送るだけでも３万円かかる。

高い学費を払うだけあって、寄宿舎生活は非常に充実している。教室での授業が終わると、生徒は自習時間になる。寮に戻ったり、教室に残ったりして、授業で出された課題に取り組む。この時間は、生徒にとって義務で、当番の先生が夜８時まで教室に残り、生徒の質問を受け付ける。夕食は５時過ぎから食堂で提供され、課題と食事が終わった生徒から余暇の時間になる。

キャンパスは湖畔に立地しているため、冬はスケートやクロスカントリースキー、夏はボート競技ができる。他にも球技や陸上競技、フロアホッケー、射撃、ゴルフなどが楽しめ、伝統の寮対抗戦もある。また、寄付で建てられた音楽棟には、リハーサルルーム、音楽スタジオ、ステージルーム、ラウンジなどが備わっていて、季節行事のコンサートなどに使われている。

特権からの転落

ルンズベリ校は最近になって数々のスキャンダルが報じられている。2011年には学校内で深刻な虐待や体罰があるとして、学校監査庁が警察に告訴した。その後、学校が必要な対策を講じたとして同庁は2013年に告訴を取り下げた。

しかし、同年8月には年長の男子生徒たちが儀式と称して、新入生に熱いアイロンを押し当てる事件を起こした。被害生徒が病院で治療を受けたことで警察に通報が入り、学校監査庁にも通知された。同庁は調査を行い、同校に半年間の閉校命令を出した。加害生徒のうち2人は有罪判決を受けている。

このいじめ事件は国立のボーディングスクール全体に対する批判につながった。報道では、ニューリッチ（新興富裕層）の生徒たちが伝統的な富裕層のネットワークを脅かす存在として敵視され、いじめが常態化していたことや、年少者に対する嫌がらせが学校の伝統として公然と行われていたことが暴露された。エリート学校に対する風当たりは強く、他の2校を含めて廃校にすべきだという意見を支持する人も多かった。

特権的な地位が与えられている国立のボーディングスクールは、通常の運営費に加えて、生徒1

人当たり年間約80万円の国費が支給されていた。上流階級の知られざる世界に対する国民の反感を受けて、政府は国費補助を廃止し、国立のボーディングスクールを他の自立学校（運営費の大半を公費でまかなう私立学校）と同じステータスに変更することを決めた。

ルンズベリ校は、２０１４年には校内で女子生徒に対する性的暴行があり、その様子を撮影したビデオが男子生徒の間で出回るスキャンダルがあった。２０１９年末にも食堂で１００人規模の食中毒事件が起こり、学校閉鎖になった。２０１９年９月に着任した校長は４カ月あまりで辞任し、代わりに就任したエディー・ヨハンソン校長もひと月で解雇されることになった。ヨハンソン氏はシグチューナ校の元校長で、海外での勤務経験など輝かしい経歴を持っていた。しかし、新型コロナウイルスによる学校閉鎖から再開する際に、地方当局から再開の許可を得たというメールを教職員に送ったことから、内部での反発が強まっていたと報じられている。地方当局からの連絡はまったく逆で、再開を許可しないという内容だったのだ。学校理事会は解雇理由を公表していないが、地元紙のインタビューで「ボーディングスクールの校長には他の学校とは異なる責任があり、普通の校長職に比べて非常に難しい役割があります」と述べている。

（林寛平）

・Lundsberg (n.d.) https://www.lundsbergsskola.se/.
・Sigtunaskolan Humanistiska Läroverket - En svensk internatskola med svenskt gymnasium och internationella IB-programmen (n.d.) https://sshl.se/.

11 個人情報にたじろぐスウェーデンの学校

スウェーデンのある高校では、2018年に顔認証技術を用いた出欠管理システムを導入した。これにより、年換算で1万7280時間分の業務が自動化できると試算された。これは、フルタイム教員10人分の年間業務量に当たる。しかし、この実験を進めたフェレフテオ市に対して、個人情報保護庁は生徒のプライバシーを侵害していると認定し、20万クローナ（約260万円）の罰金を科した。EU域内では、同年から「一般データ保護規則（GDPR）」が施行され、個人情報保護が厳格になっている。ICT活用が叫ばれる教育現場では、複雑な個人情報保護規則にたじろぐ教員たちの姿もある。

出席管理もIT技術で

スウェーデンの教育法は、高校生が授業に欠席した場合には、学校はその日のうちに保護者に連絡しなければならないと規定している。ほとんどの高校生は返済不要の奨学金を受け取っているため、出席管理は学校の重要な業務となっている。しかし、高校生ともなると履修科目の選択幅が大きくなり、出席確認には時間と手間がかかる。教員からは、出席確認は管理的業務であって、本来は教育の専門家がやるべき仕事ではないという声もあがっている。

この問題に対して、フェレフテオ市は２０１８年に、フィンランドに本社がある企業と共同で「未来の教室（Future Classroom）」プロジェクトを立ち上げた。この実験では、出席管理にＩＴ技術を用いた２種類の方法が用意され、効率が比較された。一つは小型コンピュータのラズベリー・パイとビーコン、そしてＩＣタグを組み合わせ、無線技術で出席を確認するものだった。もう一つは、ウェブカメラと顔認証技術を用いたものだった。いずれも、安価で簡単に設置できるのが特徴だ。プロジェクトでは、高校の２つの教室に実験機器を設置し、それぞれ３週間にわたって効果を検証した。

実験の結果、ビーコンと顔認識のそれぞれのメリットとデメリットが明らかになった。ビーコンは導入が簡単な反面、生徒がＩＣタグを忘れたり、他人に貸したりした場合には信頼性が損なわれる。ＩＣタグを忘れた生徒は、実験の１週目には38％、２週目には47％だった。一方、顔認識は教室に入るときに特別な動作が不要で、なりすましができないという面で優位性があるが、導入時にはすべての生徒の顔データを登録する必要があり、手間がかかる。

いずれの場合も、当初は新しい技術に不安を持っていた生徒たちが、実験を通じてポジティブな捉え方をするようになったというのも大きな成果だった。加えて、教員の出席管理業務がそれまでと比べて約半分に減ることが分かり、自動化によって大きな経済的メリットがあることも明らかになった。

個人情報の扱いが裁判沙汰に

実験に先立って、個人情報の保護には特段の注意が払われた。実験への参加は任意だったが、学校からの依頼となると、生徒や保護者にとって断りづらい状況が生まれかねない。そのため、説明はあえて企業の社員が行った。顔認証の実験では、29人の生徒のうち22人が参加を希望した。参加しない生徒については、これまで通り教員が出席を確認し、不利益が出ないようにした。また、対象の生徒と保護者からは書面で同意を得ていた。実験機器はインターネットにはつながず、すべてのデータは教室内に保管され、実験後には完全に削除された。

このような慎重な運用にもかかわらず、データ査察庁（後に個人情報保護庁に改組）は2019年に、フェレフテオ市に対して、データ保護法違反で20万クローナ（約260万円）の罰金を支払うように命じた。EUの「一般データ保護規則（GDPR）」が2018年に施行されて以来、スウェーデンの学校に罰金が科される初めての事例となった。

データ査察庁は、3つの理由から違法性を指摘している。第一に、出席管理という目的に対して、学校が必要以上に個人情報を収集していること。第二に、個人を特定できる生体認証データは特定個人情報に当たるため、データを扱うためには国から特別な許可が必要だが、その許可を得ていなかったこと。第三に、実験前に法に定められたリスク評価を適切に実施しておらず、データ査察庁による事前審査も行わなかったことである。

フェレフテオ市はこの決定を不服とし、行政裁判に訴え、最終的には行政高等裁判所にまでもつれ込んだが、市の主張は一貫して退けられた。21年6月には罰金が確定した。

罰金におびえる教育現場

フェレフテオ市のケースは、良かれと思って進めたことがあだになった形だ。報道では、顔認証技術の倫理的・法的な問題が指摘され、中国やロシアのような監視社会にしてはいけない、学校は子どもたちの権利を守るべきだ、と大局から論じるものもある。一方で、参加者全員が同意しているというのに、第三者が罰金を科すとはどういうことか、個人情報は誰のものか、と市を擁護するものもある。さらには、この決定がデータ産業の発展を阻害すると危惧するものもある。

スウェーデンでは子どもたちが1人1台のパソコンを持ち歩き、クラウドでのデータ管理が一般的になっている。そのような中で、学校にはこれまでの慣習と異なる対応が求められているが、一歩間違えると最大で1000万クローナ（約1億3000万円）の罰金が科

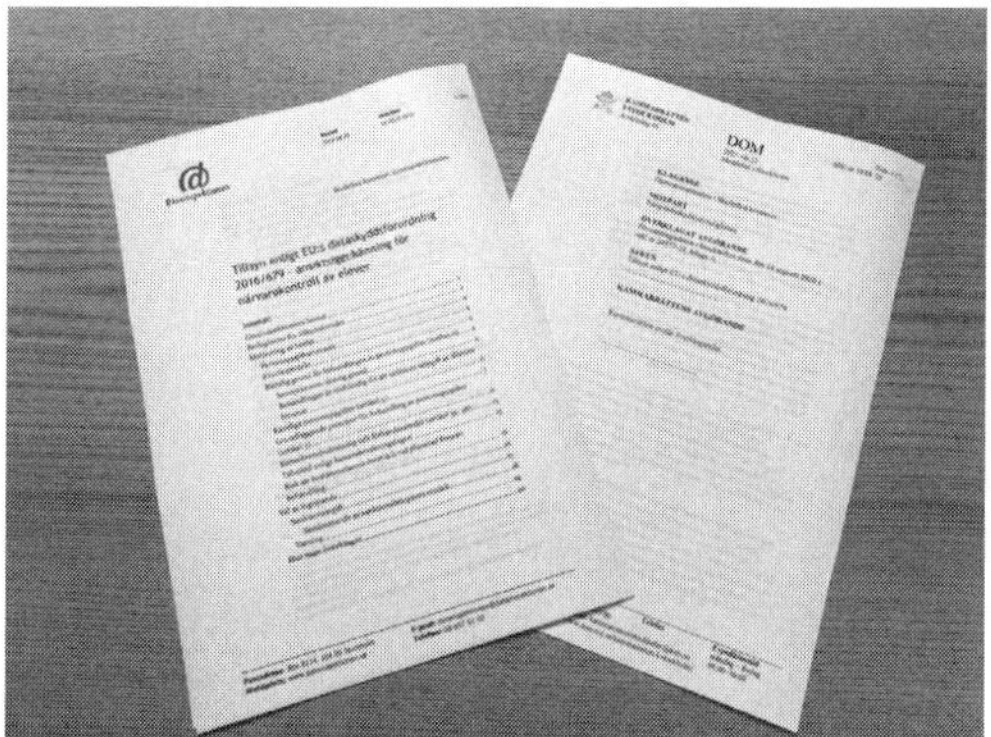

罰金を命じる決定（左）と上告を退ける判決（右）
（撮影：林寛平）

される。現在、個人情報保護庁では、ストックホルム市の学校に設置された50台の防犯カメラの違法性について審査が進められている。フェレフテオ市のケースは始まりに過ぎず、論争はさらに広がる勢いだ。

（林寛平）

・Skellefteå kommun & tieto (2019) *Future Classroom - Summary, Do innovative technologies have the potential to transform presence registration?*

・Datainspektionen (2019-08-20) Tillsyn enligt EU:s dataskyddsförordning 2016/697 -ansiktsigenkänning för närvarokontroll av elever, DI-2019-2221.

12 スウェーデン・キルナ 町ごとの引っ越しと学校

スウェーデン最北の都市キルナでは、大規模な引っ越しが始まっている。この街は鉄鉱山で有名だが、長年の採掘によって中心街が沈下し、住めなくなってしまった。そのため、現在の市街地から3キロメートルほど東に約6000人の住民を転居させる。これは市の人口の約3分の1に相当するが、市役所や教会、学校や商店などの中心的な機能が移転されるため、ほとんどの市民が影響を受ける。移転計画は2004年に初めて公表されたが、少なくとも2035年までかかる予定だ。

沈みゆく校舎

キルナ市の中心部にある高校では、床や壁に大きな亀裂が入り、いよいよ生活に支障が出てきた。予想よりも速いペースで危険が迫っている。教員たちは、生徒が安心して過ごせるように、学校の移転を早めるよう求めているが、移転を管理する担当者は計画を変更するつもりはないと話す。一方、別の学校では、外国の背景を持つ子どもたちの語学授業に使っていた校舎と体育館を予定よりも早く閉鎖し、新しい市街地に機能を移転すると発表した。

移転には賛否両論がある。思い出の場所を離れるのを残念がる声は多い。しかし、この街は鉄鉱山とともに歩んできた歴史を持ち、多くの住民が鉱山と関わる仕事をしてきたため、移転を受け入れている家庭も多い。移転の費用を国営の鉱山会社ＬＫＡＢが全額負担するという条件も魅力的だ。住民は、今住んでいる家の評価額にもとづいて、新しい市街地に新築の住居が用意される。また、移転先を気に入らない人は、評価額に25%を上乗せした金額で家を買い取ってもらえる。ＬＫＡＢはこれまでに１１３億クローナ（約１４００億円）を支払い、今後さらに１７０億クローナ（約２１００億円）の弁償を見込んでいる。

キルナの鉄鉱山と移転対象地区（撮影：Arild Vagen氏）

サーメの悲劇

都市移転で懸念されるのが先住民族への影響だ。キルナにはサーメが暮らし、サーメ学校が２つある。トナカイの遊牧を中心とする彼らの生活では、土地とのつながりが密接で、空間は文化そのものといえる。そのため、都市化された人々が身軽に移転するのに対して、サーメの人たちは伝統的に

新築の市役所やホテル（提供：キルナ市役所）

住んでいた土地を離れることへのためらいが強い。

スウェーデンにある鉄鉱山のほとんどはサーメが暮らす地域にあり、鉱山開発は彼らの生活を脅かしてきたが、これまで繰り返されてきた侵略と同じように、今回もまた、犠牲を受け入れるしかない立場に置かれている。

未来都市への期待

新しい市街地では最初の区画が完成し、市役所や会議場、ホテルや住宅などが竣工した。2021年6月には最初の住民たちが入居し、いよいよ本格的な移転が始まった。今年から来年にかけて次々に街区が完成し、プリスクールや基礎学校の移転も始まる予定だ。

完成間近のプールや高校は、環境に配慮した最先端の建物群になる。エネルギー効率を高め、住民のニーズが変わった場合にも柔軟に機能を変更できるような設計になっている。新市街のメインストリートは歩行者専用道になり、自転車道が縦横に通る。1階は店舗として、上層階はオフィスや住居として使う複合施設ができ、住居の周りにはベンチやウッドデッキなどのリラックスできる公共空間が用意される。こうした未来的なモデル都市への住民の期待は大きい。

フィールド実験として見るキルナ

開拓や災害、戦争や迫害による集団移住という事例はこれまでもあったが、任意で一斉に転居する事例は珍しい。そのため、町ごと引っ越すという歴史的プロジェクトは、学術的にも大きな可能性を持っている。構成メンバーは変わらず、住む場所だけが変わるというのがポイントだ。

子どもの学力に関するこれまでの研究では、保護者の学歴や職業、移民の背景の有無や経済力が影響を与えることが明らかになっている。今回の移転では、これらの要素はほとんど変わらない。それどころか、コミュニティ全体で転居するため、住民の社会関係もあまり変化しない。しかし、子どもたちの住環境は大きく変化する。そのため、学校建築や都市計画などの環境要因だけを取り出して、子どもの成長や発達への影響を分析できるだろう。

キルナ市では、地域住民やメディアへの対応に加えて、教員や学生、研究者に向けた情報提供も行っている。キルナの経験から、新しい知見が生まれることを期待したい。

（林寛平）

・Kiruna kommun (n.d.) Vår stad i omvandling. https://kiruna.se/stadsomvandling/startsida.html.
・LKAB (n.d.) Vi flyttar en stad. https://samhallsomvandling.lkab.com/sv/kiruna/vi-flyttar-en-stad/.
・López, E., M. (2021) *Transforming Kiruna, Producing Space, Society, and Legacies of Inequality in the Swedish Ore Fields*. Acta Universitatis Upsaliensis, Uppsala Studies in Cultural Anthropology no 62.

13

レゴ社と市が協働する子ども中心の街づくり

デンマーク北西部にあるビルン市は、レゴの本社やレゴランドがある、レゴ創業の地だ。2012年に市とレゴ財団が協定を結び、官民連携による「子ども中心の街づくり」を進めている。その理念は、「ビルン市は子どもの首都（Capital of Children）であり、子どもたちは遊びを通じて学び、創造的なグローバル市民になる」というものだ。

子どもと大人が共創する

2012年に、市とレゴ財団は半分ずつ出資して「子どもの首都・遊び心（CoC Playful Minds）」（以下、CoC《シーオーシー》）という企業を設立した。この企業が中心となり、学校や図書館などの公共機関、大学や研究機関、企業、非営利組織と協働し、さまざまな取り組みを実施してきた。

まず、子どもたちの声を市の開発計画や将来ビジョン策定に反映するようにした。例えば、フィル

子どもたちが開発に参加した「会話するベンチ」
（出典：©CoC Playful Minds）

スコー学校の６年生と７年生（日本の中学１年生に相当）の子どもたちは、「どのような公園を作りたいか」について、50人以上の市民と共にアイデアを出し合った。話し合いを踏まえて作られた公園には、地域の歴史やアイデンティティが表現され、子どもたちの希望を反映してケーブルカーや小さなタワー、ビーチバレーコートや森の中の展望台などが設置された。他のどの公園とも違う、地域の子どもや大人が望む唯一無二の公園が目指されている。

また、３人の小学生は、市内にスケートパークを作るために、ＣｏＣ《シーオーシー》や、保護者、スケートボードが好きな若者たちと「ビルン・スケートパーク・プロジェクト」を立ち上げた。スケートボードの魅力を市民に体験してもらうためのワークショップや、開設費用を集めるためのTシャツ販売などで支援の輪を広めた。これにより、期間限定ではあったが、８歳以上であれば誰でも利用できるスケートパークの開設が実現した。

他にも、人が座ると子どもたちがつくった音楽や歌や物語が聞こえるベンチ、トンネルの壁に自分の作品を展示できるオープンアートギャラリー、トンネルを活用したディスコなど、ユニークなアイデアが、子どもと大人の共創を通して生み出されている。こうして生まれたモノや場をはじめ、誰でも楽しめる遊びと学びの体験スポットは「プレイライン」としてつなげられ、観光マップに記載されている。

「子どもにやさしい街」と認定

CoC《シーオーシー》の活動の根底には「子どもが大人から学ぶのと同じかそれ以上に、大人は子どもから学ぶことができる」という考えがある。特に新しいことを創造するときにはそうだという。また「子どもは自分の生活の専門家であり、自分の生活や暮らす社会をつくるために活動するリソースを持っている」存在だという。つまり、子どもを大人と対等な市民として、共に市の未来をつくる当事者として捉えているのだ。

ユニセフは2020年に、ビルン市を「子どもにやさしい街」に認定している。デンマークでは初の認定で、子どもの意見表明や参加の権利、そして子どものウェルビーイングが保障されていることを評価したものだ。

市とレゴ社のWin《ウィン》－Win《ウィン》な関係

ビルン市は「家族から最も選ばれる街」を目指している。家具職人オーレ・キアク・クリスチャンセンが1932年に木製玩具の製造、販売を開始して以来、市はレゴ社と共に発展してきた。レゴ社は1947年にプラスチック製玩具の開発を始め、町に空港をつくり、1968年にはレゴランドを開園した。これにより、市は家族連れの人気の観光地となった。また、レゴ社やそのグループ企

レゴの哲学を体験できるレゴハウス（出典：©LEGO House）

業で働く人で人口が増加した。

その一方で、車がないと不便で、公共空間の多くが駐車場という郊外の街でもあった。市は、この状況を変えたかった。

町を変えることは、レゴ社の経営にもメリットがある。レゴ社のブランド戦略は、子ども向けにブロックを組み立てる遊び体験を提供することから、学習やクリエイティブのための遊び体験を全世代へ提供することに重点を移しているという。「遊びを通じて学ぶ」哲学を具現化した街づくりは、持続可能な社会の発展に携わる経営戦略の一環でもあるのだ。

２０１２年には市内15の教育機関に、６歳から19歳対象のＳＴＥＡＭ教育プログラムである「レゴ・エデュケーション・イノベーション・スタジオ」を寄贈した。２０１３年には遊びを通じた学びを核とするインターナショナル・スクールを開校。2017年にはレゴの哲学を体験できる施設「レゴハウス」を設立し、2021年にはレゴの新本社「レゴキャンパス」が完成し話題となった。

「子ども中心の街づくり」は、子どもだけでなく、市とレゴ社にも恩恵をもたらしている。

（佐藤裕紀）

・Billundkommune (n.d.) Derfor er vi børnenes hovedstad. *Billundkommune*. https://www.billund.dk/politik-og-demokrati/boernenes-hovedstad/.

・CoC Playful Minds (n.d.) https://cocplayfulminds.org/.

・STRAUS, M. & ZAMFIRA, R. (2016) THE RE-BIRTH OF THE COMPANY TOWN: HOW CORPORATIONS ARE RESHAPING LIFE, WORK AND PLAY IN THE CITY. *4Cities Erasmus Mundus Master Course in Urban Studies, 68-81*. https://www.4cities.eu/wp-content/uploads/2016/11/MAthesis_4CITIES_Straus_ Zamfira_Cohort07.pdf.

14 世界で最も持続可能で差別のない地域を目指して

２０２２年２月24日に始まったロシア軍のウクライナ侵攻は、世界中の安全を脅かし、エネルギーや食料の価格高騰によって、コロナ禍で経済的に疲弊していた一般市民の日常生活にさらなるダメージを与えている。多数のウクライナ避難民を受け入れている北欧諸国においても、貧困家庭が増える傾向が見られるなど、「北欧モデル」の存続が危ぶまれる事態となっている。だが、北欧諸国は、このような時こそ協力体制を強化し、民主主義と持続可能性を標榜する「北欧モデル」を国際社会に広め、世界の平和構築に寄与しようと努力している。欧州全体に広がる危機の中、極北の辺境に位置する「北欧」が、世界に希望を与える地域となり得るのか。北欧の「未来のビジョン」と教育・生涯学習に関わる行動計画から探っていく。

北欧協力の歴史と「北欧モデル」の発信

北欧諸国は、北欧評議会（1952年創設）と北欧閣僚評議会（1971年創設）による協力プラットフォームを通して国際社会への影響力を行使してきた。

北欧閣僚評議会と北欧評議会のロゴは、青地に白のノルディック・スワン（北欧の白鳥）である。白鳥は、信頼、誠実、自由を表しており、ロゴは、飛んでいる白鳥の強く開放的なイメージを表している。最近では北欧の公式エコラベルにも緑色の背景にノルディック・スワンの意匠が使われている。新しい考え方、アイデアやパートナーシップに対して常にオープンであることが、北欧協力の基本原則なのである。

北欧閣僚評議会と北欧評議会のロゴ、ノルディック・スワン（北欧の白鳥）（出典：Nordic Co-operation）

北欧の公式エコラベルにもノルディック・スワンが使われている（撮影：中田麗子）

北欧閣僚評議会に関する子ども向け広報資料（出典：Nordic Council of Ministers 2021, https://pub.norden.org/nord2021-020/）

１９５０年代から、北欧の市民はパスポートを持たずに北欧諸国間を往来でき、共通の労働市場が構築されている。１９７０年代以降は文化や環境、教育や福祉、経済や法律などテーマ別の協力も行われている。

１９９０年代は、ベルリンの壁崩壊とソ連崩壊の影響で、ソ連を主要貿易相手国としていた北欧諸国は未曾有の経済危機にみまわれた。社会民主主義体制と高福祉が社会・経済の停滞をもたらしたとして批判され、公共部門への市場原理の導入や民営化など新自由主義の旋風が吹き荒れた。

しかし、ボスニア・ヘルツェゴヴィナ紛争（１９９２－95年）やコソボ紛争（１９９６－99年）の勃発により、北欧諸国の結束は増すことになった。陸続きのバルカン半島からの難民も多数受け入れた。これを機に、北欧諸国は一体となって、「民衆教育」を含む北欧型の生涯学習の実現を国際機関に働きかけ、北欧的学びの価値観を広めていった。それは、対話を通して人格の全面的発達と批判的思考力を培い、市民社会に積極的に参画する責任ある市民を育成しようとするものである。

２０００年代には、ＯＥＣＤによる国際学力調査でフィンランドの成績が高かったことや、世界的金融危機からの回復が早かったことなどから、北欧諸国の教育と生涯学習、経済的競争力や生産性の高さに国際的な注目が集まった。北欧諸国も信頼、平等、持続可能性、革新と開放性を共通の価値観とする「北欧モデル」を、「北欧ブランディング」として積極的に発信するようになっていった。

北欧の未来のビジョン

だが、気候変動、公害、生物多様性の危機、エネルギー資源の不足など地球規模の環境問題の影響は北欧にも現れている。民主主義と社会的包摂への抵抗も目につくようになった。

こうした問題の解決のために、北欧諸国は、子どもや若者の声に耳を傾け、消費行動などの生活様式を変え、陸と海の自然資源利用のバランスを図るなど、若者とともに気候変動問題解決に向けた具体的取り組みを行うことにした。

２０１９年８月、北欧諸国の首脳らは、２０３０年までに「世界で最も持続可能で差別のないリージョン（地域）にする」というビジョンを定めた。民主主義、社会的包摂と国境を越えた人々の自由な移動も維持しながら、真にポジティブな発展が可能であることを世界に示そうとしているのである。

「世界で最も持続可能で差別のないリージョンにする」という北欧独自のビジョン実現に向けて、①緑の北欧、②競争力のある北欧、③社会的に持続可能な北欧という３つの戦略が立てられた。「緑の北欧」は社会のグリーン・トランジションを目指すもので、カーボンニュートラルであることと、バイオをベースとする持続可能なサーキュラー・エコノミーを目指す。「競争力のある北欧」では、知識、革新、移動可能性とデジタル統合にもとづき、グリーン分野の成長を推進する。「社会的に持続可能な北欧」では、価値観を共有し、文化交流と福祉を強化することで、インクルーシブかつ平等で相互につながりのある地域づくりを推進するというものだ。

さらに、ＣＯＶＩＤ－19パンデミックへの対応も意識しつつ、２０２１年から24年まで優先的に取り組む行動計画として、持続可能な生産と消費、すべての人のための福祉など、12分野を定めた。いずれも幼児期から高齢期までの生涯にわたる学びの中で育むべき価値観と社会変革のための行動力が求められるが、ウクライナ戦争への対応としてさらに重要性が増している項目は、市民社会との協働（11番目）と北欧コミュニティ維持のための差別撤廃と表現の自由にもとづく信頼と団結（12番目）だろう。不穏な国際社会の「ラグナロク（北欧神話の最終戦争）」を回避する鍵となり得る「世界で最も持続可能で差別のないリージョン」を目指す北欧の、教育・生涯学習を引き続き探究していきたい。

（澤野由紀子）

・The Nordic Council of Ministers (2020) *The Nordic Region-towards being the most sustainable and integrated region in the world: Action plan for 2021 to 2024*. Copenhagen.
・Nordic Co-operation (2022-11-03) News, Concern that more children are growing up in poor families in the Nordic Region. https://www.norden.org/en/news/concern-more-children-are-growing-poor-families-nordic-region.
・The Nordic Council of Ministers (2022) *Strategy for International Branding of the Nordic Region 2022-2024*. Copenhagen.

第2章 子どもと大人のウェルビーイング

教育はあなたの幸せに貢献しているだろうか。この章には、さまざまな視点からウェルビーイングに向かう教育の挑戦を集めた。

学習保障の取り組み、教師の仕事、いじめ対策、性教育。こうした挑戦を貫くのは、学校で活動する人々が幸せに生きるという理想である。その実現はたやすいことではない。理想を掲げながら、社会の闇に真っ直ぐに向かうことでもある。

どんなに大きな課題にも、一歩ずつ向き合おうとする日々の営みを見てみたい。

1 フィンランドのウェルビーイング・デイ

フィンランドの学校では、ウェルビーイングやメンタルヘルスについて取り組んでいる。筆者がインターンシップを7カ月していた総合学校（Peruskoulu：日本の小中学校に相当）で参加した事例を紹介したい。

全員参加のイベント

ウェルビーイング・デイは、5年生から9年生（日本の中学3年生に相当）を対象に実施された。1日中、つまり午前9時から午後1時15分までを使ったイベントだ。

1日のスケジュールは、クラス単位で、さまざまなテーマを扱う7つのステーションを回るというものである。1ステーション当たり20分ほどの活動に参加し、途中にランチや休憩が入る。ステーションは教室や専科の部屋、体育館などを拠点に、学年によって異なるテーマを扱う。

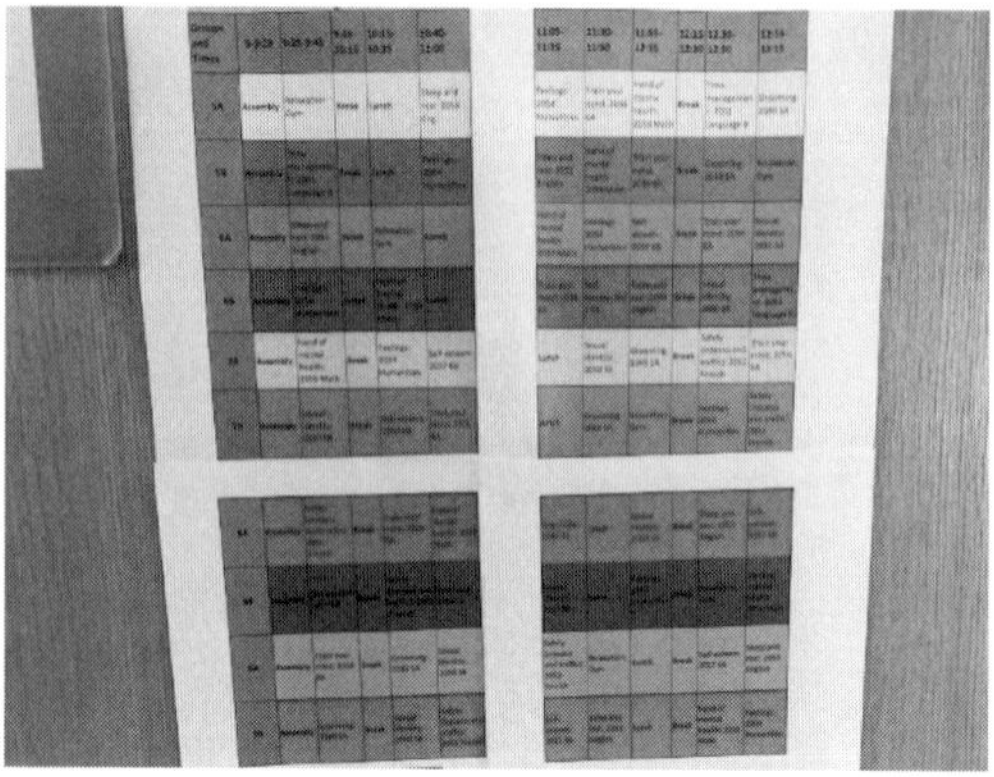

ウェルビーイング・デイのクラスごとのスケジュール表（撮影：田中潤子）

例えば５年生は、「リラクゼーション」「睡眠と休息」「感情」「マインドを鍛える」「メンタルヘルス」「時間管理」「身だしなみ」というテーマのステーションに参加した。６年生では、自尊心、セクシュアル・アイデンティティも扱い、７年生ではさらに、安全（タバコ、アルコールやドラッグなどの中毒物と交通安全）が入ってくる。

クイズやワークショップで楽しみながら

各ステーションでは、さまざまな専門家が講師になり、クイズやワークショップなどの活動を提供していた。

例えば、「メンタルヘルス」のステーションでは、精神保健師が講師になり、自分自身に対するポジティブなフィードバックを紙に書き出すワークを実施していた。

また、「マインドを鍛える」ステーションでは、ユースワーカーが、誰かからポジティブなフィードバックをされたときのことを思い出して隣の人とシェアする、そして自分にポジティブなフィードバックをした時のことを思い出してシェアする、というワークをしていた。

「セクシュアル・アイデンティティ」のステーションでは、ユースセンターのスタッフがファシリテーターとなり、問いに対する意見を表明する活動を行っていた。教室を「そう思う」「分からない、知らない、答えたくない、考えたい」「そうは思わない」の３つのエリアに分け、生徒たちが自分の意見に合わせて教室内を動く。投げられる問いは、「性は生まれつきのものから変わることはないと思うか?」「レインボープライドは必要なものか?」「ゲイの子どもはゲイか?」「性転換手術をしないとトランスジェンダーとは言わないのか?」などだ。正解がある問いやそうでないものが織り交ぜられていた。

ユースワーカーは、各回答エリアに移動した生徒にその理由を尋ねたり、コメントを求めたりする。「レインボープライドは必要だと思わない」という回答エリアに立っていた生徒に、ユースワーカーが「どうしてそう思った?」と尋ねると、生徒は「いいことだとは思うけれど、僕は必要だとは思わない。レインボープライドの行進自体が大事なわけではないから」と話した。また、「自分の親は、もし自分の性的指向が他の人と異なっていても、自分を受け入れてくれると思うか?」という問いに対して、「そう思わない」という回答エリアに立っていた生徒は「私の親は、宗教的に理解してくれないと思う」と返答した。生徒たちが話すことで一人ひとりの価値観、多様な意見やモノの見方に気付くことができるのが興味深かった。

「安全」ステーションでは、ユースワーカーがオンラインのクイズシステムを使ってセクシュアルハラスメント、性的合意、オンラインいじめなどについて出題し、生徒たちがグループ、もしくは個人で、スマホを使って匿名で回答し、競い合って理解を深めた。

担任の先生は専科の先生たちと交代で休憩をとりながら、担当学年の生徒がいるステーションに一

ステーションで配布されるガールズハウス＆ボーイズハウスの案内。各団体の活動紹介や連絡先を受け取ることができる（撮影：田中潤子）

緒に行き、ふざけている生徒たちに声を掛け、監督している様子だった。一緒にワークに参加している先生もいた。

専門家とのつながりを持つ機会

講師は学校の先生ではなく、外部の専門家が務めている。思春期真っ只中の生徒たちには、親にも先生にも友達にも相談したくない、あるいは相談しにくいことはたくさんあるだろう。その中で、自分からどこかに助けを求めたい時にどうしたらよいか、ただ話をしたい時にどのような機会があるのか、そのためのつながりがウェルビーイング・デイでは緩やかに作られていた。

例えば、さまざまなアクティビティを展開する街のユースセンター（コロナ禍当時は開室せず、街中でのアウトリーチを中心に活動）のスタッフ、シェルターのような役割も持つユースセンター、ガールズハウスやボーイズハウスのスタッフも来ていた。講師の年齢もさまざまだ。20～30代に見える若手のユースワーカーもいれば、白衣を着た年配の専門家たる風貌の人もいた。

この学校のウェルビーイング・デイは、個人や小グループ単位で、ユースワーカーや各種専門家と近い距離で関われるようにデザインされていた。生徒は、クイズや身体を動かすアクティビティを通し、参加して学ぶことができた。また、カジュアルな雰囲気で話しやすく感じた。講師を務めた保健師に聞くと、専門家として学校に呼ばれてこうした形で生徒と関わることはよくあるとのことだった。ウェルビーイング・デイというのは１つの手法にすぎないが、このアイデアから学べることは多そうだ。

（田中潤子）

・中村恵・小柳和喜雄・古川惠美（２０１９）「社会情動的スキルを育む就学前教育の在り方～フィンランドの幼児教育に学ぶ～」畿央大学紀要、16、19－34．
・Tirri, K. (2011) Holistic school pedagogy and values: Finnish teachers' and students' perspectives. *International Journal of Educational Research*, 50(3), 159-165.
・Pyhältö, K., Soini, T., & Pietarinen, J. (2010) Pupils' pedagogical well-being in comprehensive school: significant positive and negative school experiences of Finnish ninth graders. *European Journal of Psychology of Education*, 25(2), 207-221.

2

子どもと大人を支援する特別支援学校・センター

インクルーシブ教育を推進するフィンランドでは、特別支援学校の数が年々減少している。特別支援を要する子どもは、地元の学校の通常学級や特別支援学級で学ぶようになりつつある。一方で全国に6カ所、国立の特別支援学校・センターが配置されている。フィンランドの特別支援学校・センターが果たす役割とは何か、その内容を報告する。

地域学校へのコンサルテーションと研修

ヴァルテリ（Valteri：特別支援学校・センターの総称）では、さまざまな役割の教員や専門スタッフが働いている。ヴァルテリに定期的に通う子どもや、長期で滞在する子どもの教育を担当する教員やスタッフのほか、地域の学校へのコンサルテーションを主な仕事とする教員やスタッフもいる。彼らは、必要に応じて地域の学校に赴き、学校の様子を観察したり、教員への助言を行ったりする。

地域の教員への研修も行っており、その内容はニーズに応じて多岐にわたる。例えば、聴覚障害がある子どもを初めて担任する教員が、機材の使い方と手話の研修を受ける。視覚障害がある子どもを支援するための研修では、誘導の仕方や、体のどこを触れられると不快でないかなどを理解するため、教員同士が目隠しをして実際に体験する。

フィンランドの教員は自分のニーズに応じて研修を選べ、こうした研修は勤務時間内に受けられる。

ディスプレイや入力デバイスが工夫されたパソコン（学習補助機材の例）（撮影：矢田明恵）

学習補助機材と教材の貸し出し

ヴァルテリでは地域の学校に対して、学習補助機材の貸し出しの仲介や教材の提供も行っている。

最近は人工内耳技術が発展し、完全に耳が聞こえない子どもは少なくなってきているため、教員の声を聞こえやすくする機材や、視覚的な理解を促す機材（子ども専用のパソコンなど）は、子どもの学習に非常に役立つ。

ヴァルテリには研究・出版部門もあり、さまざまなニーズを持つ子どもの学びを促進する教材の開発・研究を行っている。日々の授業準備や教育活動で忙しい教員にとって、既存の教材を活用できるのは心強いだろう。

ヴァルテリにおけるサービスの利用や学習補助機材や教

ユヴァスキュラ市にある国立特別支援学校・センター（ヴァルテリ・オネルヴァ校）（撮影：矢田明恵）

ドアの色、廊下のラインなどユニバーサルデザインを取り入れた宿泊施設（撮影：矢田明恵）

材の貸し出しは、国や自治体から補助が出ており、地域の学校や子どもの家族が経済的負担を強いられることはない。

宿泊訓練とピアサポート

ヴァルテリには、学校と併設して宿泊施設がある。全国にある6校は、すべての特性を持つ子どもに対応するが、それぞれ障害種に応じた強みも持っている。

例えばユヴァスキュラのヴァルテリ（オネルヴァ校）は、特に聴覚障害と視覚障害のある子どもの教育に長けている。そのためフィンランド全国から、これらの障害がある子どもとその保護者（子どもの年齢が低い場合）が、定期的に宿泊訓練を受けにくる。

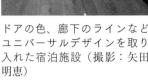

宿泊訓練では、学習補助機材の適切な使用や、子どもの発達段階に応じた教材の選定、必要なスキルの訓練などが行われる。

さらに、宿泊訓練の重要な機能として、ピアサポートがある。

フィンランドは人口５５０万人の小さな国だ。そのため、同じ地域に同じような障害のある子どもがいる確率は、首都のヘルシンキを除いて極めて低い。たとえ地域の学校で適応できていたとしても、障害のある者特有の悩みを共有することは難しく、孤立を感じる子どもや保護者も少なくない。

この宿泊訓練は、同じ障害がある子どもとその保護者同士が集まり、悩みを吐露して相談し合う場にもなっている。子どもや保護者は、ここで同じ悩みを持つ仲間と知り合う機会を得ており、宿泊訓練を楽しみにしている子どもも多いという。

このようなシステムの根底にあるのは、「子どもだけでなく大人（教員・保護者）もニーズに応じたサポートが必要だ」という考え方と、子どもを地域全体で育てようとする姿勢だ。

日本も２０１２年の文科省の報告書で、特別支援学校のセンター的役割の強化が明言されている。フィンランドの特別支援学校が果たす役割から、学ぶところは大きい。

（矢田明恵）

・Valteri (n.d.) *Support for learning and school attendance*. https://www.valteri.fi/en/.

・Yada, A. (2020) *Different processes towards inclusion: A cross-cultural investigation of teachers' self-efficacy in Japan and Finland* [Doctoral dissertation, University of Jyväskylä]. JYU dissertations. https://jyx.jyu.fi/bitstream/handle/123456789/67827/978-951-39-8073-3_vaitos_2020_02_28.pdf?sequence=1.

3
受講生に時給？スウェーデンのサマースクール

北欧の夏休みは長い。しかし最近スウェーデンでは、夏期講習にいそしむ若者たちがいる。そしてその数は近年増えている。いったい何が起こっているのだろうか。

高校に入るために

スウェーデンでは、夏休み明けに新学期を迎える。6月は卒業、8月が入学・進学のシーズンだ。その間に夏期講習を受けるのは、高校に入学するために必要な成績が取れなかった、あるいは、取れないリスクがある生徒たちだ。

日本と違って、スウェーデンでは高校進学の際に学力試験が行われることはほとんどない。しかし、高校に入学するためには、日本の小中学校にあたる基礎学校の最終成績で、スウェーデン語、数学、英語を含む、いくつかの教科に合格している必要がある。

この要件を満たさない生徒は、高校のイントロダクション・プログラムに入り、補充学習を行うことになる。イントロダクション・プログラムでは、各生徒が個人のニーズに合わせた内容とペースで学習を進め、高校の正規課程への進学を目指す。そして、実際に、1年後には約半数の生徒が高校に進学していく。その他の生徒は、2年以上かけて高校に進学したり、3年間学んだ後に、成人教育に移ったり、就職したりとさまざまだ。

イントロダクション・プログラムに入るのは決して特異なケースではない。近年、その数は高校入学者の15%ほどにものぼる。スウェーデンでは、学年が多少ずれてもあまり気にすることはなく、イントロダクション・プログラムに通った分、長く高校生活を送っても進学や就職においてハンデにはならない。すでに義務教育段階で、発達の状況に合わせて学年をずらしている人もいる。

それでも、できることならイントロダクション・プログラムではなく、ストレートに正規の高校課程に入学したいと考える生徒は多い。彼らを救うのが、6月の卒業式を終えた後、8月に新学期が始まるまでの間に行われるサマースクールだ。

サマースクールの機会保障

サマースクールは、正式には休暇学校（lovskola）という名称で、教育法に規定されている。

先に述べた高校への入学要件を満たせないまま卒業した生徒や、8月に最終学年になるが、卒業時に要件を満たさないリスクがある生徒に対して、基礎学校が夏季休暇中に講習を行う。生徒にとって受講は任意だが、基礎学校は必ず6月中に講習を開かなければならない。

スウェーデンではボートで夏を楽しむ人も多い（撮影：本所恵）

高校入学前に補充学習を行うサマースクールは以前からあり、コミューン（日本の市町村に相当）の裁量や予算で実施されていた。2014年以降、国から補助金が出るようになり、生徒数が増えた。2017年には教育法で開設が義務化され、生徒数はさらに増加している。

コロナ禍の影響も見逃せない。変異種の感染拡大対策のために中学校の多くが遠隔授業になったことで、教育の質が下がり、サマースクール受講生はさらに増えたという。学力不足の懸念から、下級生に対象を広げている学校もある。

サマースクールの授業では、対象の教科を集中的に学ぶ。例えば、ある生徒は毎日4時間ずつスウェーデン語を勉強して、最後にテストを受けて合格を目指す。合計すると36時間分になり、毎週1時間ずつ半年間の授業時間に匹敵する。普段の時間割では、毎日複数の教科の授業を受け、それぞれが少しずつ積み上げられていくが、1つの教科を集中して学んだ方が効果的な場合もあるだろう。

勉強してお金がもらえる？

コミューンによっては、サマースクールの受講生に、一般的な夏休みのアルバイト代に相当する時給を払うところもある。若者たちは夏休みにアルバイトをすることが多いため、その代わりにサマースクールに来てもらう策だ。

若者が成績不振なまま高校にあがった場合、中退などのリスクが増え、社会保障にかかる費用が多くなる。時給を払ってでも高校入学前に学力をつけてもらった方が、社会全体としては経済的だという考えからだ。

とはいえ、自分の成績を上げるために時給をもらえるなんておかしい、と思われるかもしれない。スウェーデン国内でも、反対意見がある。学期中に努力して良い成績をとって、夏のアルバイトが見つからない生徒もいるはずなのに、成績が悪かった生徒だけが夏に勉強して給料をもらうのは筋が通らないというわけだ。

サマースクールに国家予算が使われるようになった数年前から、こうした疑問の声も大きくなっているが、現在も禁止などには至っていない。これからどうなるのだろうか。

（本所恵）

・Carlgren, M. (2017-08-25) Elever får betalt för att läsa upp betygen. *Sveriges Radio*. https://sverigesradio.se/artikel/6758698.

4 スウェーデンの高校生の夏期講習

6月のスウェーデンは卒業シーズンだ。特に高校卒業は社会人になる区切りでもあり、盛大に祝われる。卒業生はスーツや白いワンピースを着て、白い学生帽をかぶり、スウェーデンカラー（青と黄）のリボンで結ばれたさまざまなプレゼントを受け取る。校舎から出てくる生徒を迎える人々は、卒業生の幼少時代の拡大写真をプラカードにして掲げ、成長を喜ぶ。高校卒業のお祝いは初夏の風物詩だ。

ただし、高校を3年間で修了する生徒は7割に満たない。4～5年かけて修了する生徒がいるほか、修了要件を満たさないまま3年間で在学を終える生徒がいるためだ。そうした生徒は成人教育機関で学び直すこともできるが、高校修了率の向上は長年大きな課題であり、さまざまな取り組みが行われている。その一つが、自治体の提供する夏期講習だ。

4週間の補習授業

高校を修了するには、3年間在学し、規定以上の科目を履修し、必修科目であるスウェーデン語（国語）、英語、数学などを含む規定以上の科目で合格する必要がある。各科目の成績をつけるのは授業を担当する教師だが、各教科の評価基準は全国共通に定められており、多くの必修科目には成績の参考にするためにナショナル・テストが用意されている。

ウプサラ市の夏期講習が行われるFyrisskolan（撮影：本所恵）

ウプサラ市では、学期中に合格できなかった生徒向けに夏期講習を実施している。中学校と高校レベルの数学、英語、スウェーデン語のほか、高校の物理や化学、社会科、宗教や心理学なども提供しており、2022年夏には中学校の社会科や高校のスペイン語なども開講予定だ。生徒は所属校を通して2科目まで申し込める。2018年には420人ほどだった参加生徒は、3年後の2021年には750人まで増加した。

夏休み前半の6月半ばからの4週間に高校の科目、同時期の3週間で中学校の科目が履修でき、いずれも最終試験に合格すれば、所属校で正式な合格として認められる。

各科目の講習に参加する生徒たちは7～17人の小グループに編成され、午前中は80分単位の授業を数コマ受けて、午後は自習する。宿題支援も同時間帯（午前8時～午後2時）に行われる。一日中学習するのではなく、午後には夏季休暇らしさを味わえるようにしているそうだ。

市全体で組織的な取り組み

夏期講習に来て、数週間で合格の成績をもらう生徒の割合は、科目によって異なるが平均すると6割程度だ。

それまでの学習で合格水準に到達できなかった生徒が数週間で合格するのは信じ難い、という懐疑の声もあるという。こうした疑問に対して、学習支援策を統括するモンス・ウィクスタッド氏は言う。「生徒たちは数週間だけ学習して合格するんじゃない。1年の学習の上に、数週間追加して合格する」。夏期講習はあくまでも学校での授業の学び直しなのだ。

ウィクスタッド氏はウプサラ市で行われているさまざまな学習支援を統括している。学習支援は夏季だけでなく、スポーツ休暇（2月ごろ）、春のイースター休暇、秋休みなどの大型連休のタイミングでも実施されている。学期中には、放課後の宿題支援や、土曜日の補習授業がある。各学校や教師に任せきりにするのではなく、組織的にさまざまな学習支援を整えている。こうした大規模な取り組みは全国的にも珍しいそうだ。

その成果として、ウプサラ市の高校修了率は２０１７年には全国平均とほぼ同じだったが、その後４年間で４ポイントほど上昇し、全国とは明確な差が生じている。

意欲的で力のある教師たちが集結

授業をするのは、教員免許をもつ高校の教師たちだ。もちろん有給だが、休暇中にも授業をする意欲のある、教えるのが好きな教師が集まると言う。生徒の感想には、「授業のレベルが高くて、先生は効率的な方法で教えてくれる」といった声が多い。

授業に特別な方法があるわけではない。それでも通常の学校との違いは、クラス規模の小ささ、一度に学習する科目の少なさ、受講生の到達度が同じくらいであること、教師が時間をかけてくれること、ゆったりとした雰囲気など、多くある。特に重要なのは、教師が生徒は合格できると信じていて、生徒自身もそう信じることだという。

ウィクスタッド氏（本人提供）

生徒にしてみれば、休暇中に補習を受けるよりも、できることなら学期中に合格したいところだ。それでも夏期講習に来る生徒の学習意欲は高く、少人数で分かるように教えてもらえる安心感がある。「先生の教え方が上手で、生徒数が少ないから、困ったらすぐ助けてくれる。本当に生徒が合格できることを願ってくれている」「みんなにちょうどいいレベル」「去年1年間の授業より、ここで学んだことの方が多い」と、受講生からは好評だ。

しかしながら、夏期講習の生徒数増加や高評価はジレンマでもある。各学校が夏期講習を頼りにして、授業の質向上や学習支援に取り組まなくなったら本末転倒だからだ。そうした影響にも目を配りながら、多様な生徒に応じた学習支援が進められている。

（本所恵）

・Artäng, T. & Smeds, J. (2022-06-14) Nu börjar Uppsala kommuns sommargymnasium. *Sveriges Radio*. https://sverigesradio.se/artikel/nu-borjar-uppsala-kommuns-sommargymnasium.

5 全国学力テストを廃止し新テストに

デンマークの小中学校では従来の「全国学力テスト（Nationale test）」が廃止され、2026年度から新たに「全国技能テスト（Nationale Færdighedstest）」が導入される。何が変わるのか。その背景は何かをみていく。

科目を減らし年度初めに実施

これまでの「全国学力テスト」では、デンマーク語（国語）、数学、英語、地理、生物、物理・化学、そして第2言語としてのデンマーク語の7科目の試験が年度末に行われていた。テストはすべてオンラインで、生徒の解答に応じて問題の難易度が変わるアダプティブテストで、自動的に採点される。

新たな「全国技能テスト」では、試験科目が大幅に減り、デンマーク語と数学のみになる。一方、

従来のテストと新テストの科目と学年

科目	従来の「全国学力テスト」	新「全国技能テスト」
デンマーク語	2、4、6、8年生	2、3、4、6、8年生
数学	3、6、8年生	2、4、6、7、8年生
英語	4、7年生	―
地理	8年生	―
生物	8年生	―
物理・化学	8年生	―
第2言語としてのデンマーク語	5、7年生	―

対象となる学年は増える。デンマーク語は3年生、数学は2、4、7年生（日本の中学1年生に相当）も新たに受検することになる。

科目が絞られた背景には、この2科目の能力が他の学習に不可欠だという認識がある。実際、中退する生徒の多くはこれらの能力で課題を抱えている。

実施時期は年度末ではなく年度初めに変わる。これにより、教員は生徒の学力を把握した上で授業計画を立てられるようになる。また、テスト対策の授業を是正できると期待されている。

また、引き続きオンラインのテストではあるが、アダプティブテストではなくなる。同じ学年の全生徒が同じ問題を解く「古めかしい」テストへと変わる予定だ。コペンハーゲン大学のクライナー名誉教授によると、「理論上、各生徒に応じて問題が選ばれるアダプティブテストは統計上最も正確なものである。しかし、教員が見たいのは、どの問題をどの生徒ができ、できなかったか、というシンプルな情報であり、一つのクラスの中で、生徒に応じてさまざまな問題が示されるのはむしろ不便だ」という。

なお、移行措置として2025年度までは「全国移行テスト」が実施される。従来の問題を基本としたものだが、同じ学年の生徒全員が同じ問題を解く。デンマーク語と数学のみ受検義務がある。それ以外の科目の受検は各学校に裁量があり、指導に生かすこともできる。

全国学力テストは誰のため？

全国学力テスト廃止と新テスト導入の背景には、研究者や教員による批判があった。2019年には、デンマーク教育大学の教授らが「現行の全国学力テストは、それぞれの生徒の学力を正確に測れていない」という研究結果を発表した。

デンマークは、2000年の国際学力調査（OECD－PISA）の成績が平均程度であったことに大きなショックを受けた。その後、OECDからの勧告を受け、10年に全国学力テストを導入したという経緯が知られている。

しかし、実は、PISA調査後にOECDが出した推奨策に、全国学力テストの導入は記載されていなかった。PISA調査のデンマーク国内の担当者であ

2012年ごろの学校のPCルームの様子。10年たった今ではオンラインテストや1人1台デバイスが普及している（撮影：佐藤裕紀）

るエーゲルンド氏は「ＯＥＣＤは、テストを義務付けることをグッドプラクティスとして紹介しているが、標準化されたテストを提案しているわけではない。教員が自分で作成したテストを自分の授業で行うことが最も効果的と示している」と述べ、政府が当時、全国学力テストを導入したことに疑義を呈している。

また、子ども・教育相が全国学力テストの再開を発表したのは、新型コロナウイルスによる学校閉鎖を経て、学校が再開した直後であった。これについても、多くの教員たちから疑問の声が上がった。政府は、学習損失（Learning loss）とＧＤＰの減少に相関関係があるというＯＥＣＤの見解を根拠として、コロナ禍の学校閉鎖による学習損失を把握するために全国学力テストを行うことの正当性を主張した。

一方、ある教員は、「全国学力テストよりも、学校再開後は、生徒のウェルビーイングやコミュニティの再構築に注力する必要がある。全国学力テストは、生徒たちを緊張させ、不確実性を生み、ウェルビーイングを目指す教育活動の妨げとなる」と指摘している。

ある研究者は、政府が全国学力テストを再開した背景には、公立学校を管理する目的があるとみている。そして「グローバルな教育政策において、教育は、その国の将来の競争力や生存を左右するものと見なされ、（ＰＩＳＡの結果とその国のＧＤＰの相関についてはさまざまな研究で否定されているにもかかわらず）各国は後れをとることへの恐怖に駆られている。そして、競争力を生み出す高い学力を得ようとするために、政府は学校を統制し、管理しようとするのである」と述べる。

「教員は望まない、研究者も望まない、テスト開発者もうまく作れない、しかし、政治家は望んでいる。全国学力テストはつらい人生を送ってきた」（専門誌『Folkeskolen』の記事より）。

今回の新テストへの移行は、学校の実践への寄与や現場の実態に沿った内容へと修正されるように見える。いずれにしても、全国学力テストの目的とその在り方に関する今後の議論は、日本の全国学力・学習状況調査の在り方にも一石を投じるものだろう。

（佐藤裕紀）

・Riise, A. B. (2019-04-02) *Ny undersøgelse: Nationale test måler både forkert og usikkert*. https://www.folkeskolen.dk/evaluering-forskning-malstyring/ny-undersogelse-nationale-test-maler-bade-forkert-og-usikkert/1373576.

・Riise, A. B. (2021-09-06) *Svend Kreiner: Derfor var de adaptive test ikke så god en ide, som vi troede*. https://www.folkeskolen.dk/evaluering-ledelse-matematik/svend-kreiner-derfor-var-de-adaptive-test-ikke-sa-god-en-ide-som-vi-troede/1361560.

・Børne- og Undervisningsministeriet (2022-10-11) *Folkeskolens Nationale Færdighedstest*. https://www.uvm.dk/folkeskolen/test-evaluering-og-skoleudvikling/test--og-evalueringsredskaber/folkeskolens-nationale-faerdighedstest.

・Ravn, K. (2019-09-03) *De nationale test måler skævt: "Det skal fixes"*. https://www.folkeskolen.dk/arbejdsliv-danske-skoleelever-dlf/de-nationale-test-maler-skaevt-det-skal-fixes/1390650.

・Aisinger, P. (202002-15) Det uglesete testbarn. https://www.folkeskolen.dk/evaluering-folkeskolen-nr-03-2020-forskning/det-uglesete-testbarn/337254.

6 市も協力 教員の働き方改革

ＯＥＣＤの報告によれば、デンマークの教員が授業以外のタスクに使う労働時間は、日本の教員の約半分である。しかし、時間以外にも、教員のウェルビーイングを高めるような取り組みが現場にあった。教員・管理職・コミューン（市）が力を合わせて教員の労働環境改善に取り組んでいる様子を、ヘルシンオア市の特別支援学校で働くピーダーセン海老原さやか氏に伺った。なお、特別支援学校の労働環境は、一般の小中学校の労働環境と異なる部分も多いが、管理職の在り方や労働組合を通じた労働環境改善の仕組みは、学校の種類にかかわらず共通している。

教員のアドバイザー役としての管理職

ピーダーセン海老原氏が勤めている学校では、校長のオフィスの扉は常に開かれている。「扉を開けているということは、何かあればいつでも相談に来てほしいというシグナルでもあります。校長はアドバイザー的な存在でもあり、何かあれば気軽に相談できる存在です。必要に応じて、保護者と直接コミュニケーションをとることもあり、校長にしかできない役割を担っています」と言う。

同校の教員にとって、一番上の上司は、地域の4校を統括する統括校長である。ピーダーセン海老原氏は、職員会議に出席した際、統括校長が「話したいことや疑問があったらいつでもおいで。コーヒー1杯くらい飲む時間はいつでもあるから」と言っていたことが印象的だったと言う。「実際に話をしに行く教員がいるかどうかはさておき、統括校長がいつでも話を聞く姿勢があるというシグナルを送ってくれることは、教員の安心感につながります」と同氏は指摘する。

特別支援学校の職員室（撮影：ピーダーセン海老原さやか氏）

教員が理想のリーダー像を求めて動く

教員側が管理職に対して理想的なリーダー像を求めることもある。同校には、4年前に新しい校長が就任した。採用の際、外部の採用コンサルティング会社が入り、教員は自分たちの求めるリーダー像について意見交換を行った。この会への参加は任意だったが、9割以上の教員が出席し、自分たちが求めるリーダー像について熱心に話し合いを行った。

その結果、求められていたのは、専門性や経験があるのはもちろんのこと、教員が仕事に喜びを感じられる職場づくりができるリーダーだった。教員にとっては、喜んで働ける職場があることが優先事項だったのだ。

この話には後日談がある。新しい校長が就任して1年後、教員の間では校長に対する不満が溜まっていた。例えば、新年度の教員の配置決定プロセスには不透明な部分が多く、情報開示してプロセスをオープンにし、教員の意見にも耳を傾けてほしいという要望があった。

特別支援学校の外観の様子（撮影：ピーダーセン海老原さやか氏）

そこで、労働組合の職場代表が教員ミーティングを開催し、改善してほしい点をまとめ、統括校長と校長に書面で伝えた。その後、統括校長と校長、教員との話し合いの場が持たれた。数年がたった今も、同じ校長が勤めており、状況は改善されていると言う。
デンマークでは教員の多くが労働組合に属している。労働環境に問題があれば、意見をまとめて労働組合に訴えることができる。そして、労働組合は労働環境改善のために積極的にサポートする。同氏は「基本的に、行動すれば状況を変えられると思っています。だからこそ、何か問題があれば教員は改善のための行動を起こします」と言う。

労働環境調査アンケートを改善策につなげる

ヘルシンオア市は3年に1度、労働環境調査のためのアンケートを実施している。アンケートでは、仕事の満足度、仕事量と勤務時間のバランス、能力向上機会の有無、職場のサポート体制、職場でのコミュニケーションなど、さまざまな項目について教員自身が5段階評価をつける。平均値が3・5以下の項目は問題があると認識され、問題解決のために話し合いの場が設けられる。同氏によれば「労働環境調査は、現状を把握するためのツールです。現状を把握するだけではなく、改善のためのアクションとセットになっています」と説明する。

近年、デンマークにおいても教員のストレスは問題になっている。だが、教員の意見に耳を傾ける管理職や労働組合が存在し、市が教員の労働環境改善をサポートしていることは、多少なりとも教員の精神的な支えになっていると考えられる。

（針貝有佳）

・OECD (2019-06-19) *TALIS 2018 Results (Volume I) Teachers and School Leaders as Lifelong Learners*. https://www.oecd-ilibrary.org/sites/1d0bc92a-en/index.html?itemId=/content/publication/1d0bc92a-en.

7 掃除は仕事ではない！教員組合が反発

ノルウェーの学校では、日々の清掃は業者が行っている。しかし2021年、オスロ郊外の北フォロ市は経費削減のために新しい清掃の仕組みを提案し、教員組合の反発を買っている。

清掃員と学校の役割分担を導入

新しい清掃の仕組みは、北フォロ市の公立施設を対象としたもので、学校や幼稚園（幼保一元化された施設）、高齢者施設など、市内のさまざまな施設の清掃基準を統一することで質を担保し、コストを抑えることを目指している。掃除する場所や頻度、業者と施設の役割分担などが検討された。

2021年9月に出された学校清掃の仕組みについての案によると、調理室や図工室、トイレや廊下は毎日、教室は隔日、教員の作業部屋は週に3回の頻度で掃除される。また、清掃員が実施することと、学校が実施することが明記されている。問題となったのは、この役割分担だ。

学校側に求められたのは、毎日教室を片付け、モップがけやほうきがけを行い、トイレを掃除する、外履きは室内では使用しない、教室が清掃対象になる日は椅子を机の上に載せ、清掃員が掃除しやすいように準備する、そして、必要に応じてごみ箱を空にする――といった内容だった。日本の学校では毎日、当然のように行われているような清掃活動である。

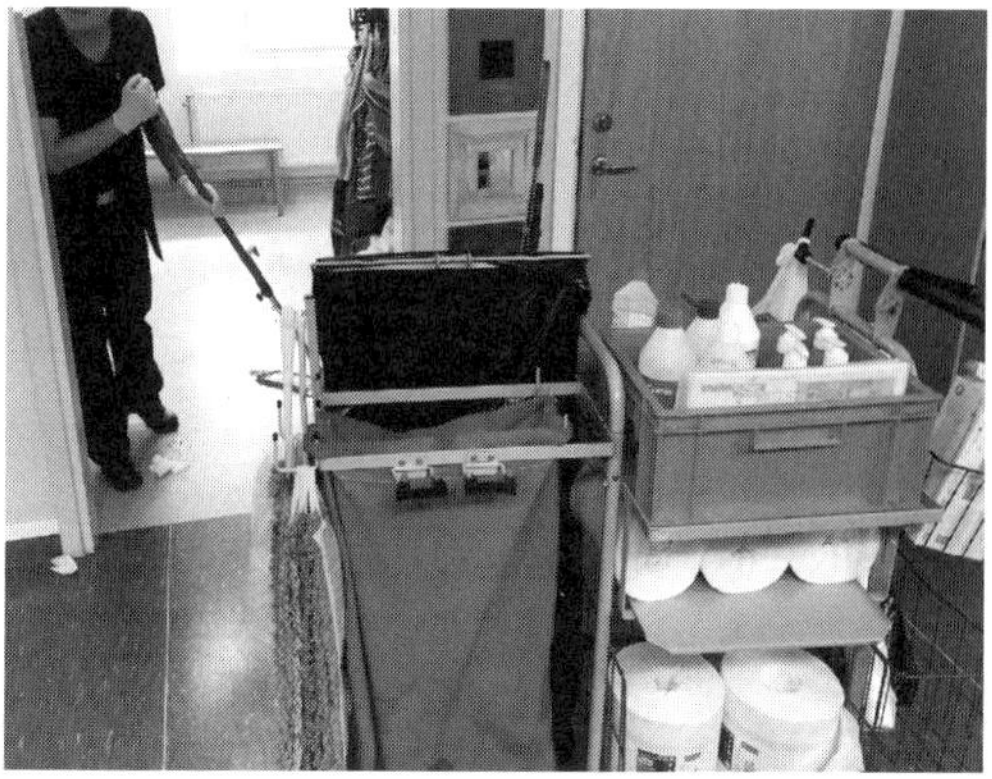
北欧の学校では清掃員が掃除をする（写真はスウェーデン）（撮影：林寛平）

掃除は教員の仕事ではない！

しかし、北フォロ市の教員組合は「私たちはもちろん生徒に後片付けをすることは教えるが、それ以上の〈清掃しやすくする準備〉は教員や生徒がやるべきことではない」「生徒の授業時間と、教員の貴重な準備時間が奪われることが心配だ」と反発した。

清掃の仕組みについての案のヒアリングでは、学校関係者からの意見と思われるコメントと、自治体側のコメントが対立している様子も見られた。「黒板やホワイトボードは毎日清掃してほしい」という意見には、「教室の清掃は隔日とされており、節約のためにそれ以上には増やせない」というコメントがついた。「教員は清掃をするべきではない」という意見や、「清掃を担当できる職員がいない」という声もあった。「教員用の部屋は毎週掃除されるべきだ」という意見に対しては、「教員の部屋が事務室よりも多く掃除されなければならないのはなぜか。教員自身が掃除すべきだ」という返答が、スマイルマークとともに記された。

「当番生徒」の役割に

興味深いのは、自治体側が清掃準備のタスクを教員ではなく生徒に課そうとしていることだ。ヒアリングのコメントでは、「清掃は、授業を担当する教職員が実施するのではなく、当番生徒がモップがけをし」「清掃日以外には黒板を掃除し、ごみを捨てる」とされた。北フォロ市の育成・学習課の担当者も「学校をきれいで楽しい場にすることは、生徒にとってよい学びになる」と述べている。

当番生徒はノルウェーの学校では以前から運用されてきた。生徒が持ち回りで担当し、教室を整理整頓する。しかし教員組合のローデ氏によると、当番生徒の役割の内容は子どもたちが議論して決めることが多いため、自治体が節約のために当番生徒に仕事を課すのは伝統に反する。また、ノルウェーでは6歳から就学するため、特に低学年の子どもたちが掃除をする際には教員のサポートが必須で、それは結局、教員の仕事になるのではないかと懸念されている。

この仕組みが運用されれば、学校関連に限っても約200万クローナ（約2500万円）の節約が実現できるという。市議会は、夏に再度この議題を取り上げ、改めて検討を行う予定だ。節約されたコストと、生徒・教員に課された新たな清掃タスクが、学校の教育活動にどのように影響するのか。自治体と学校の綱引きは続く。

（中田麗子）

・Bjørshol, E. (2021-12-14) Nå skal barna gjøre mer av dette. *Oavis.no*. https://www.oavis.no/arnfinn-almas-skole/na-skal-barna-gjore-mer-av-dette/625626.

・Kommunestyret (2021-12-08) 138/21 Felles kvalitet på renhold kommunale formålsbygg. *Politiske møter Nordre Follo kommune*. https://opengov.360online.com/Meetings/NORDREFOLLO/Meetings/Details/512535?agendaItemId=206455.

・Ropeid, K. (2021-12-08) Mopping og feiing blir skolens plikt. *Utdanningsnytt*. https://www.utdanningsnytt.no/laererarbeid-nordre-follo-renhold/mopping-og-feiing-blir-skolens-plikt/305135.

8　デンマークの学校給食論争背後に貧困問題

デンマークの学校では、ほとんどの子どもがお弁当を持参する。典型的なお弁当は、レバーペーストなどを塗ったライ麦パンのオープンサンドイッチと果物、または野菜である。給食を公費で提供するスウェーデンやフィンランドと比べて、政府の関与はほとんどない。しかし近年、子どもの栄養や教育に関わる専門家、保護者などの間で、学校給食の導入を巡る議論が熱を帯びている。

家庭の貧困が子どもたちの昼食に影響

公費による学校給食の導入が求められる最大の理由は、子どもの栄養面への懸念とその背後にある貧困問題である。デンマークの子どもたちは、飽和脂肪酸や砂糖を過剰に摂取する傾向がある一方で、魚や豆の摂取が少なく、栄養に偏りがあるという。

多くの子どもが朝食を食べずに、あるいは昼食を持たずに登校しているという指摘もある。国内最大の労働組合の専門誌『３Ｆ』が２０１９年に行った調査では、公立学校49校のうち25校の校長が、「経済的に厳しい家庭の子どもたちがお腹をすかせており、昼食を持ってきていない」と回答している。

コペンハーゲン市のある学校では１食20ＤＫＫ（日本円で約３６０円）で購入できるケータリングの仕組みを導入しているが、校長によると、昼食を持って来ず、購入もせずにお腹をすかせている多くの子どもを見るという。その原因は家庭の低所得だ。

デンマークの一般的なお弁当（撮影：針貝有佳）

コリング市の校長も「経済的な支援を必要とする家庭がだんだん増えている。これらの家庭は、子どものサッカー用の靴代を払うことや、修学旅行で子どもがアイスクリームを買うためのお金を与える余裕がない」と述べている。

こうした状況に、フードバンクと連携して対応している学校もある。ニュクービング・ファルスタ町の学校では、外国の背景を持つ子どもが約80%在籍していて、保護者の多くは低所得層である。この学校では毎月、定額制のフードバンクの支援を受け、店舗などで余った食材を提供してもらい、学校で「朝食カフェ」を開き、子どもたちに食事を提供している。同様に、登校時に無料朝食を提供する学校もある。

栄養、学習、そしてエコの点から推奨

学校給食を提供する意義は、栄養とともに学習面からも語られることが多かった。例えば、隣国スウェーデンの研究では、学校給食を４年以上食べていた子どもたちは、大学などへの進学率や将来の収入も高く、身長も男子が１センチ、女子は０・７センチ高かったという。

さらに近年、給食は気候変動対策やＳＤＧｓ（持続可能な開発目標）の側面から国際的にも注目されている。２０２２年９月下旬にデンマークで開催された会議「学校給食２０３０」でも、学校給食を食品ロスやＳＤＧｓと関連付け、学校全体を巻き込んだ教育実践が紹介されている。また食文化のシンクタンクは政治家への公開書簡や新聞広告で、学校給食や食品科学の学習が不平等、環境、ＳＤＧｓの面で重要であると訴えている。

このような状況の中、子ども・教育大臣のロセンクランツ氏は、各自治体が低所得世帯の学校給食費を補助できるように法改正を検討しているという。すでに自治体によっては、保護者の全額負担か、自治体の補助付きでケータリングを提供する仕組みが導入されている。しかし自治体が、世帯所得を基準として特定の家庭に学校給食費の補助を行うことは法的に認められていない。法改正によって、特定の家庭への補助が可能になり、各自治体が補助の基準を決められるようになる。コペンハーゲン市での先行実験では、低所得の家庭の子どもたち３５００人が補助を受け、１食当たり０～10ＤＫＫ（日本円で約１８０円）で食事を購入できるという。

コストが課題

しかし、もう一歩踏み込んで、学校や自治体に学校給食の提供の義務付けや無償化を求める声は大きい。ある調査によると、60％の保護者は公費による無料の学校給食の導入を望み、特に低所得の保護者の要望は強い。実際、多くの政治家、保護者、子どもは学校給食の導入について肯定的である。一方で、学校給食の導入に伴うコストの高さが障壁となっている。全小学校に無料の学校給食を導入すると、毎年22億ＤＫＫ（日本円で約３９６億円）の費用がかかると試算されている。

この点について、保護者組織の代表は、すべての子どもが昼食で健康的な食事を取れることはウェルビーイングの点からも重要であるとしつつ、膨大なコストを危惧している。むしろ、「90％近くの子どもが、古い校舎で、頭痛や欠席を引き起こすような屋内環境で過ごしている状況がある。学校給食の義務化よりも、むしろ屋内環境改善の方が優先度は高い」とも述べている。

学校給食は投資なのか、コストなのか。限られた予算で何を優先するか、という議論は、すでに学校給食が整備されている日本にも、給食の価値と将来について考えさせる。

（佐藤裕紀）

・FOLKESKOLEN (2022-06-20) *Forældre vil prioritere bedre indeklima over gratis skolemad*. https://www.folkeskolen.dk/ernaering-og-sundhed-fysisk-arbejdsmiljo-skole-og-foraeldre/foraeldre-vil-prioritere-bedre-indeklima-over-gratis-skolemad/4641605.

・Marina, V. H.(2022-09-27) *Skolemad spiller en stor rolle i Norden: Men i Danmark indtager eleverne deres madpakker i et mørkt klasselokale foran en skærm*. https://www.folkeskolen.dk/hoje-taastrup-kommune-kobenhavnkommune-madkundskab/skolemad-spiller-en-stor-rolle-i-norden-men-i-danmark-indtager-eleverne-deres-madpakker-i-et-morkt-klasselokale-foran-en-skaerm/4677206.

- Redanz, M. & Hansen, A. H. (2019 May 23). *Rundspørge til folkeskoler: Over halvdelen har sultne elever i klasserne.* https://fagbladet3f.dk/artikel/over-halvdelen-har-sultne-elever-i-klasserne#:~:text=Rundsp%C3%B8rge%20til%20folkeskoler%3A%20Over%20halvdelen%20har%20sultne%20elever,op%20i%20skole%20og%20uden%20madpakker%20med%20hjemmefra.
- Rikke, A. et al. (2015) What do Danish children eat,and does the diet meet the recommendation? Baseline date from the OPUS School Meal Study. *Journal of Nutritional Science*, 4, e29, 1-9.

9 放火や対教師暴力　SNSで広がる学校の荒れ

学校の備品窃盗や器物破損が世界的な問題になっている。米国では学校の消毒液ディスペンサーや消火器、駐車場の看板などを持ち去る動画がTikTokに多数投稿され、10代を中心に「Devious licks《デヴィアス・リックス》」と呼ばれるトレンドに発展した。2021年9月に始まった破壊活動は瞬く間に全米に広がり、トイレの破壊、教職員の自家用車への細工（タイヤのボルトを抜くなど）、備品の窃盗が各地で相次いで報じられた。

Devious licksはコロナ禍での不安定な運営に苦慮する学校関係者をさらに追い詰めている。一方で、1年以上にわたって休講やオンライン学習で我慢を強いられ、ようやく学校が再開してもストレスが多い状況に直面する生徒たちの反抗とも受け止められ、厳罰よりもケアが必要だという意見も聞かれる。また、一部の生徒たちによって、壊されたり盗まれたりした備品を自腹でこっそり補充する「Angelicyields《エンジェリク・イールズ》」という対抗活動も興っている。

この騒動はいまや米国だけでなく、世界的な問題に発展し、北欧諸国でも深刻な懸念となっている。

年間500件燃やされるスウェーデンの学校

スウェーデンでは学校の放火が深刻だ。危機管理庁の統計によると、2020年は566件の学校火災が報告されている。毎日どこかで学校が燃えている計算になる。学校では小さな失火は消防に通報しないことが多いため、実数はさらに多いと見込まれる。2020年秋ごろには10代の若者の間で、放火に関するSNSの投稿が拡散して問題になった。

特に社会経済的に厳しい環境にある地域のプリスクールや基礎学校が放火のターゲットになる。学校は日中には多くの人が出入りするが、夕方以降は無人になることが多く、警備も手薄になりがちなのが標的にされやすい要因でもある。また、長期休みはさらに狙われやすい。

放火で逮捕される若者は在校生の場合もあるし、他校の生徒の場合もあるが、人的被害がなければ比較的軽い処分になることが多い。学校への恨みやいたずら、憂さ晴らしなど、動機はさまざまだが、はっきりしないケースも目立つ。

ニュースを検索すればおびただしい数の学校火災の記事が表示されるが、ここではウプサラ市で2018年に起こったゴッツンダ基礎学校の放火の事例を見てみよう。10月8日月曜日、午前3時ごろに消防に通報があった。この時点で、3つある校舎のうち2棟が激しく燃え、手の付けようがない状態だった。広域から多数の消防車が集まって消火活動を続けたものの、建物は燃え続け、全焼した。その日のうちに、14歳の少女2人が警察に事情聴取された。

生徒たちの間では、容疑を掛けられた少女が「ソファに火を付けようと思っただけで、学校全体が燃えるなんて思っていなかった」と謝罪するビデオがSNSを通じて瞬く間に出回り、少女たちへの批判と、動画を拡散する人たちへの批判が同時に巻き起こった。一方で、この学校が社会経済的に厳しい地域にあることから、同情したり、団結を呼び掛けたりする人もいた。焼け落ちた学校のフェンスには、生徒や保護者、地域の人たちからのメッセージカードや花束が置かれた。

焼け落ちたゴッツンダ基礎学校の校舎（撮影：林寛平）

校舎が使えなくなった483人の生徒たちは、しばらくの自宅待機の後、市内の複数の学校に分かれてバスで通うことになった。校舎の再建には5年の歳月と100億円近い費用がかかるとされた。容疑を掛けられた少女たちは、現在は国内の別の場所で保護されている。

低学年では対教師暴力が問題に

教職員組合が最近実施したアンケートでは、低学年を担当する多くの教員が、子どもたちから深刻な暴力被害に遭っている実態が明らかになった。就学前クラスでは54％の教員が過去2年間に1度以上の暴力被害に遭っていると報告した。この割合は基礎学校低学年で47％、中学年で

ゴッツンダ基礎学校への励ましのメッセージカード
（撮影：林寛平）

39%、高学年で15%と、学年が上がるにしたがって減少している。また、高校では3%だった。割合が最も大きかったのは余暇指導員（主に放課後の学童保育を担当する教員）で、59%が生徒から身体的な暴力を受けたと回答した。暴力の具体的な内容は目を覆いたくなるようなもので、腹を殴られた、顔に唾をかけられた、腕をナイフで刺されたといったものから、喉元にスコップを突き付けられたといったものまであった。

この数字が徐々に増えているのか、あるいは昔からこの状態なのかといった経年変化を知ることはできない。というのも、アンケートは2021年5月にスウェーデン南部の学校で起きた学校襲撃事件を受けて、緊急に行われたものだからだ。これまでも、ナイフや銃による襲撃は度々起きているが、5月の事件は15歳の生徒が教師を狙って起こしたという点で衝撃的だった。殺人未遂で審判にかけられたこの少年は、襲撃の3カ月前にも学校にナイフを3本持って行ったと証言していて、計画的な犯行だったとみられている。

折しも、保険会社の統計が公表され、強いストレスによる何らかの精神疾患を理由に90日以上病休している教員が劇的に増加しており、２万５７８３人以上いると報告された。特に余暇指導員とプリスクールの教員が多かった。コロナ禍による環境悪化も大きいが、教師が自分の健康を犠牲にしている状況に、教職員組合は強い危機感を表明している。

いまや、学校の荒れはＳＮＳを通じて世界中に伝搬する時代になっている。学校の放火、器物破損、備品の窃盗、対教師暴力は日本でも存在するが、不安定化する社会のはけ口として学校がターゲットになっているのではないか。ひとたび火が付くと取り返しがつかないほど燃え盛るのがＳＮＳの恐ろしいところでもある。子どもたちや教職員がリスクにさらされることがないように、予防策が求められている。

（林寛平）

・MSB:s statistik- och analysverktyg IDA, Myndigheten för samhällsskydd och beredskap.
・Afa Försäkring (2021) Skolans pedagoger, Allvarliga arbetsskador och långvarig sjukfrånvaro. Vad lär vi oss av statistiken? Oktober 2021.

10

皇太子妃も取り組むデンマークのいじめ対策

幸福度の高いデンマークにも、いじめ問題は存在する。件数は減少傾向にあるが、ＳＮＳ上でのいじめなど、問題は複雑化している。

オンライン上でのいじめが深刻化

デンマークで「最近いじめを受けた」と回答した11歳の割合は、１９９８年に30％程度だったが、２０１４年には11％、18年には５％と、劇的に減っている。

一方で、デジタルデバイスを利用したいじめは増えている。９年生（14～15歳）では男子の約10％、女子の約20％が、過去１年間にデジタルデバイス上のいじめを経験した。女子の間ではＳＮＳでのトラブルが友達関係に影響したり、学校での無視に発展したりすることが多いという。

匿名での嫌がらせは特に深刻だ。匿名であるが故に過激化するのが特徴で、誰が嫌がらせをしているのかわからないため、被害者に強い不安感を引き起こす。被害に遭った13歳の男子は「匿名で、殺してやるって連絡が来たりする。反応をしたら、もっとひどくなる。向こうはこっちの反応を楽しんでいるんだ。最低だ」と語る。15歳の女子生徒は「もう誰を信じていいかわからない。いつも、この人は信頼できる人なのか、ということばかり考えてしまう」と言う。

このようなデジタルデバイスを利用した悪質な嫌がらせは、子どもにとって大きな精神的負担で、授業への集中力や登校意欲を著しく低下させ、体調不良も引き起こしていると言われる。

子どもたちは予防策を求めている

デンマーク教育環境センター（DCUM）の調査によれば、こうしたいじめ問題に対して、多くの子どもたちは、トラブルへの対処だけではなく予防策を求めている。

例えば、「自分たちがSNSを使い始める年齢になる前から、デジタル機器の適切な使い方やコミュニケーションマナーを教えてほしい」という意見や、「デジタルデバイスを使ったいじめに遭ったことのある大人の体験談を聞きたい」という意見も多い。

小さいころから親がSNSの使い方などを指導している家庭では、子どもが適切な付き合い方を身に付けている傾向がある。DCUMは早期のデジタルリテラシー教育の必要性を訴え、家庭でも学校でも早い段階で子どもにデジタルデバイスの使い方やマナーを指導するように推奨している。

「いじめフリー」プログラムで回ってきたぬいぐるみ（撮影：針貝有佳）

メアリー皇太子妃による活動

他にも、いじめ相談所、子ども電話、女の子のための悩み相談所、年齢別相談所、自殺関連の悩み相談所、ネット上でのトラブルに対するITサポートなど、デンマークにはさまざまな子ども向けの相談機関があり、電話・メール・チャット・対面など多様な方法で相談できる。2017年には、行政のいじめ対応に不満がある場合の相談窓口として、子どもと保護者向けのオンブズマンも導入された。

特に注目すべき大きな動きは、国民的に人気があるメアリー皇太子妃による積極的ないじめ防止活動だろう。

「メアリー財団」を運営するメアリー皇太子妃は、取り組むべき3大プロジェクトの1つにいじめ防止活動を掲げている。この一環として、専門団体と協力し、保育園や幼稚園に「いじめフリー」プログラムの導入を行ってきた。

同プログラムでは、「良い友達」としてぬいぐるみが大きな役割を果たす。ぬいぐるみを使って他の子や自分を慰めたり、みんなで順番にぬいぐるみの世話をしたり、ぬいぐるみが体験したことを朝の会で報告したりする。

筆者の自宅にも幼稚園からぬいぐるみが回ってきた。子どもは一緒に遊び、世話をして、後日その様子を筆者がレポートにまとめた。それを幼稚園の先生が朝の会で読み上げてくれたそうだ。プログラムに参加した子は、他の子への共感力が高まったと報告されている。

メアリー財団は2019年から、小中学校でのいじめ防止強化プロジェクトにも取り組んでいる。「安心と連帯」「平等」「生徒の声」「いじめ防止」を軸にしたプロジェクトで、各学校に合わせた取り組みを目指している。まずは生徒の声を拾い上げ、学級委員と教員間で課題を共有し、最適なアクションプランを作成して取り組む。さらに、その結果をもとに、課題共有やアクションプランの作成といったプロセスを繰り返す。

同プロジェクトはいくつかの学校で試験的に実施された後、2021年には希望するすべての小中学校で実施される。多くの学校の参加が予想され、その効果が期待されている。

(針貝有佳・佐藤裕紀)

「いじめフリー」プログラムの一環で、子どもたちと走る皇太子妃（提供：メアリー財団）

・Dansk Center for Undervisningsmiljø (2016-12-13) DCUM *undersøgelse: Digital mobning i skolen.* https://dcum.dk/undersoegelser/digitalmobning.

・Mary Fonden (n.d.) https://www.maryfonden.dk.

11 子どもへのわいせつ行為 デンマークの対策

近年、子どもへのわいせつ事件が多発しており、取り締まり強化を求める声が高まっている。デンマークでは、保育サービスを利用する子どもと保護者、そして保育に携わる人が安心・安全でいられるよう、環境づくりが徹底されている。

「無犯罪歴証明書」の提出義務化

1990年代以降、デンマークでは男性保育者の子どもへのわいせつ事件が相次いで報道された。そのために世論の不安が高まり、社会問題の一つとして関心が集まった。女児へのわいせつ行為の冤罪を訴える男性保育者を扱った映画『Jagten』（邦題「偽りなき者」）がデンマークで製作されたり、一部の保育施設で男性保育者に対して、子どもとの身体接触に関する特別な制限が設定されたりするなどの動きが見られるようになっていた。

郵便はがき

料金受取人払郵便

神田局
承認

2420

差出有効期間
2025年10月
31日まで

切手を貼らずに
お出し下さい。

101-8796

537

【受　取　人】

東京都千代田区外神田6-9-5

株式会社 **明石書店** 読者通信係 行

お買い上げ、ありがとうございました。
今後の出版物の参考といたしたく、ご記入、ご投函いただければ幸いに存じます。

ふりがな お 名 前	年齢	性別

ご 住 所　〒　　　-

TEL　　　(　　　)　　　FAX　　　(　　　)

メールアドレス	ご職業（または学校名）

＊図書目録のご希望	＊ジャンル別などのご案内（不定期）のご希望
□ある □ない	□ある：ジャンル（　　　） □ない

書籍のタイトル

◆本書を何でお知りになりましたか？

□新聞・雑誌の広告…掲載紙誌名[　　　　　　　　　　]

□書評・紹介記事……掲載紙誌名[　　　　　　　　　　]

□店頭で　□知人のすすめ　□弊社からの案内　□弊社ホームページ

□ネット書店［　　　　　　］　□その他[　　　　　　]

◆本書についてのご意見・ご感想

■定　価	□安い（満足）	□ほどほど	□高い（不満）
■カバーデザイン	□良い	□ふつう	□悪い・ふさわしくない
■内　容	□良い	□ふつう	□期待はずれ

■その他お気づきの点、ご質問、ご感想など、ご自由にお書き下さい。

◆本書をお買い上げの書店

[　　　　市・区・町・村　　　　書店　　　　店]

◆今後どのような書籍をお望みですか？

今関心をお持ちのテーマ・人・ジャンル、また翻訳希望の本など、何でもお書き下さい。

◆ご購読紙　(1)朝日　(2)読売　(3)毎日　(4)日経　(5)その他[　　　　新聞]

◆定期ご購読の雑誌［　　　　　　　　]

ご協力ありがとうございました。

ご意見などを弊社ホームページなどでご紹介させていただくことがあります。　□諾　□否

◆ご 注 文 書◆　このハガキで弊社刊行物をご注文いただけます。

□ご指定の書店でお受取り……下欄に書店名と所在地域、わかれば電話番号をご記入下さい。

□代金引換郵便にてお受取り…送料+手数料として500円かかります(表記ご住所宛のみ)。

書名	冊
書名	冊

ご指定の書店・支店名	書店の所在地域 都・道　府・県　市・区　町・村
	書店の電話番号　（　　　）

例えば、「保育者はオムツ替えや着替えの援助をする時、子どもと二人きりになってはならない」「トイレのドアは開けた状態にする必要がある」「保育者は子どもの写真を撮るために自分の携帯を使用してはいけない」などである。

こうした流れを受け、２０１１年に子どもと関わる職業に就く人に対して、無犯罪歴証明書（Privat Straffeattest）の提出が義務付けられるようになった。これは、犯罪歴がある人による虐待の再発を防止するための対策である。無犯罪歴証明書は日本のマイナンバーに相当するNemIDを使ってウェブ上で簡単に入手できるようになっている。

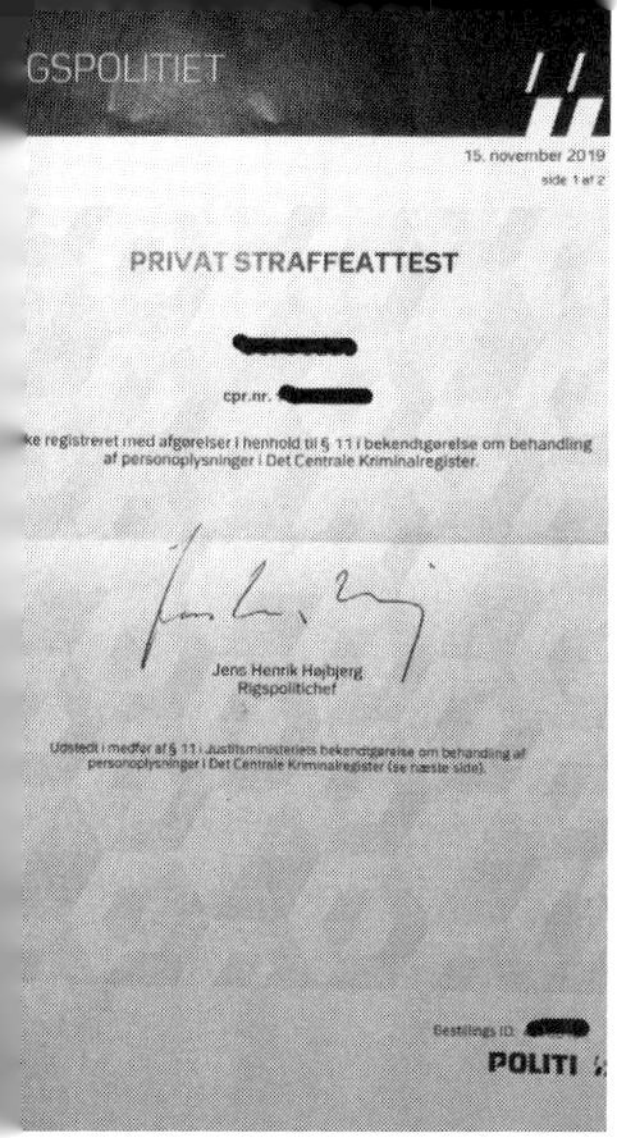

無犯罪歴を示す証明書（撮影:上田星）

現場ではオープンな状況・会話を重視

しかし、再発防止策が講じられるようになったものの、初犯を防ぐためにはやはり現場の努力が必要である。デンマークでは、「子どもへのわいせつ行為」を男性だけの課題ではなく、保育職全体に向けられた課題として認識し、保護者や同僚から誤解を招かないためにも、保育の援助はできる限りオープンな状況で行うことを心掛けている。

また、保育の都合上、一対一の援助が必要な場合にも、事前に同僚に声を掛けてから援助を行っており、同僚と連携しながら保育を行っている。加えて、施設長から「子どもへのわいせつ行為」の防止を意識した呼び掛けが日頃から行われており、日々のオープンな会話の中で、保育者のわいせつ行為を未然に防止するように意識を高めている。

政策・現場の両輪での対策の必要性

日本においても、子どもと関わる職業に就く人によるわいせつ行為への対策として、日本版ＤＢＳ（Disclosure and Barring Service：前歴開示及び前歴者就業制限機構）の制度化が議論されている。再発防止への対策が不十分であった日本において、こうした取り組みは重要な一歩である。

そして、デンマークの事例からも示唆されるように、初犯を防ぐためにはやはり、現場レベルでの努力が不可欠になる。特に男性の割合が圧倒的に少ない保育施設においては、施設長や同僚が議題に挙げにくいタブーとして認識されている傾向があるように思える。「わいせつ行為」についての問題を、保育職全体に向けられた課題であるということを一層強く認識し、政策と現場の両輪での対策を通して、未然・再発防止に向けた環境づくりを徹底していく必要があるのではないだろうか。

（上田星）

・Regeringens tværministerielle arbejdsgruppe (2011) *Redegørelse for regler om børneattester*. København: Kulturministeriet, 1-78.
・上田星（２０２０）「男性保育者の子どもへのわいせつ行為の対策について―デンマークからの示唆」国際幼児教育研究27、159―172.

12 スウェーデンの性教育とユースクリニック

2022年度から、スウェーデンの学校における性教育の名称と内容が少し変更された。以前は「性と共生」という名称で教科横断的に実施されていたが、「セクシュアリティ・同意・人間関係」になり、学習指導要領の内容にも変更が加えられた。

「同意の文化」のための性教育

2021年2月に発表されたこの変更は、当時のジェンダー平等担当大臣によれば、性的同意の重要性をより明確に子どもたちに教えるためだという。スウェーデンでは2018年の法改正で、「積極的な同意」のない性行為はすべて違法、つまり性犯罪とみなされるようになった。性行為はすべて自主性と互恵性にもとづくべきであるという認識のもと、「同意の文化」をつくる取り組みの一環として、学校での性教育により一層力が入れられ、教員養成における性教育も徹底されることになったのだ。

今回の変更で重視されたのは、セクシュアル・ライツ（性の権利）を守るために必要な自己決定能力とコミュニケーション力を育てることだ。こうした取り組みが可能になるのは、性に関する知識を教える性教育がすでに定着しているからこそである。

学校における性教育の歴史

1940年代までは、スウェーデンにおいても、子どもに性についての詳細な知識を教えることは適切でないと考えられていた。こうした状況に異議申し立てをしたのが、1933年に設立された「スウェーデン性教育協会（RFSU）」だ。避妊が違法とされていたこの時代、多くの女性が貧困の中で望まない妊娠を繰り返し、非合法の中絶によって身体を危険にさらしていた。かねてよりこの問題への対処を主張していたジャーナリストのエリーセ・オッテセン＝イェンセン（1886～1973）が、医師らと協力してRFSUを立ち上げたことが、性教育の必要性についての理解が広まる契機となった。

彼女を突き動かした原動力は、自身の妹が若くして望まぬ妊娠・出産の末に、周囲からの抑圧に耐えかねて自ら命を絶ったという経験にあった。子どもや若者の将来のために性教育は不可欠だと主張する声が、「寝た子を起こすな」という理屈よりも説得力をもち、当時の政府もそれに応じたのである。

政府は1940年代に学校に性教育を導入する方針を示し、50年代半ばには小中学校における必修科目となった。それ以来、性行為、避妊、性感染症、同性愛やトランスジェンダーを含む性の多様性など、セクシュアリティ全般が学校において教えられている。

ただし、子どもの性を巡る多様な問題は、必ずしも学校の教師たちの手に負えるものばかりではない。そのような場合に頼りになるのが、全国約250カ所に設置されているユースクリニックだ。

エリーセ・オッテセン＝イェンセンによる性教育の講義（1940年代）（Unknown author, Public domain, via Wikimedia Commons）

ユースクリニック

おおむね12歳から25歳までの子ども・若者を対象とするユースクリニックは、性に関することに特化した医療機関だ。医師、看護師、助産師、カウンセラーなどの専門職がスタッフとして配置されており、専門的な助言や治療を、親や学校に知られることなく、無料で受けることができる。子どもたちは、必要が生じたときに自ら電話予約をしてクリニックを利用するが、最初は学校における性教育の授業の一環としてクリニックを訪問することが多いという。

クリニックでは、思春期の身体の変化についての知識を提供したり、性自認や性的指向に関する適切な情報を発信したり、避妊具や避妊薬を配布したり、妊娠検査や性病検査を実施したりしているほか、性とは直接関係しないような相談にも応じている。子どもにとって、性に関する悩みや困りごとは他のさまざまな問題と密接に絡み合っていて、簡単に切り分けられるものではないからだ。

スウェーデンで初めてこうしたクリニックが設置されたのは、１９７０年代初めのことである。性に関するトラブルを抱えた若者の増加に危機感を抱いた医師や助産師らが手弁当で開始し、徐々に自治体の支援を得られるようになった。現在では公的医療に組み込まれた形で運営されている。

学校における性教育と、子どもが安心して利用できるクリニック。この２つの存在は、子どもたちのセクシュアル・ヘルス（性の健康）とセクシュアル・ライツを守るための、大人たちの努力の結果である。こうした土壌の上に、「同意の文化」をつくるさらなる取り組みが始まっているのだ。

（太田美幸）

・Öhman, L. (2021-02-04) Sex- och samlevnad får nytt fokus - och byter namn. Skolvärlden. https://skolvarlden.se/artiklar/sex-och-samlevnad-far-nytt-fokus-och-byter-namn.

・Höjeberg, P. (2019) *Ungdomsmottagningarnas eldsjälar: Föreningen för Sveriges ungdomsmottagningar - FSUM*. Sverige: Föreningen för Sveriges ungdomsmottagningar.

第3章

多様な人と共に暮らす

近年、日々の生活の中で、多様な価値観や背景を持った人々が共に暮らすことの大切さを表す言葉として、多文化共生、インクルーシブ社会といった言葉をよく見聞きする。しかし、その具体的な姿は描きにくいのが実際ではないだろうか。

北欧の教育は、しばしば民主主義、社会的な公正、平等や社会的包摂などの点で特徴的であるとされる。そこで本章では、「異文化／移民」「障害」「ジェンダー／セクシュアルマイノリティ」「社会的包摂」という点から、北欧における、多様な人々と共に暮らすことをめぐる議論や課題、そして支援の実像を見ていく。

1　白夜の国のムスリムとイスラーム学校

北欧諸国のムスリム人口は少なくない。データによる差異は大きいものの、スウェーデンで約80万人、デンマークで約25万人、ノルウェーで約20万人、フィンランドで約11万人と推計されている。スウェーデンにおけるムスリム文化との共生の模索を紹介する。

白夜の国の断食

イスラーム世界ではヒジュラ暦の９番目の月をラマダーン月という。約１カ月間のラマダーン月が始まると、その間、健康な大人のムスリムは、日の出から日没まで飲食を断つことが義務付けられている。断食によって飢餓や貧困で苦しむ人々に対する共感を高め、ムスリム同士の連帯感を強める、世界中のムスリムにとって神聖で特別な月だ。なお、ヒジュラ暦は月の周期を基準としており、１カ月の単位は29日か30日間であるため、太陽暦とは毎年10日あまり、ずれていくことになる。

イフタールを待ちわびるムスリム家庭の食卓（撮影：見原礼子）

筆者が欧州でフィールドワークを行っていた2012年は、ラマダーン月は7月下旬に始まった。この時期、北欧諸国では日が出ている時間が長くなり、北に行くと白夜の世界が広がる。真夏の北欧でラマダーン月を迎えるということは、イフタール（日没後の食事）を取るまでに、長時間の断食が必要になることを意味する。

ムスリムの友人は真夏の北欧でのラマダーンについて、「確かに大変。休暇シーズンと重なれば、日が少しでも短い西欧や南欧の親戚や友人宅に滞在する人たちもいる」と言う。

別の友人はこのようにも言う。「でも、誰だって、ラマダーンが始まった最初の1週間はすごく大変。少しずつ身体が慣れてくるの。そして、その疲れを超越したときにこそ、アッラーの存在を感じられる」。

スウェーデンのイスラーム学校

北欧でムスリム人口が増加し始めた1980年代以降、学校教育の場においても、イスラームの宗教的・文化的背景を持つ子どもたちをいかにして受け入れるかが課題になった。ムスリム家庭の側からも、給食メニューに豚肉が含まれることや、思春期以後も男女合同で水泳の授業が実施されることなどについて、配慮を求める動きが生まれた。そのような中で誕生したのが、イスラーム学校である。スウェーデンの場合、教育法改正により自立学校（運営費の大半を公費でまかなう私立学校）の参入が認められるようになったのを契機として、１９９３年以降に各地でイスラーム学校が設立されるようになり、現在では15校近くが運営されている。他の北欧諸国の中では、デンマークでも25校近くが運営されている。

　イスラーム学校に通う生徒は多様だが、スウェーデンの場合、移民だけでなく、ソマリアや中東諸国からの難民の子どもが多いのも特徴だ。校舎の中には、イスラームの信仰に関わる文化が随所にみられる。例えば、礼拝用の部屋があったり、カリキュラムの中に礼拝の時間が組み込まれていたりする。他にも、給食でハラルフードを提供したり、ラマダーン明けなどのイスラームの祝日を休日にしたり、イスラームの信仰にもとづくジェンダー観への配慮をしたりするなど、イスラーム学校ならではの特徴がある。

　クラスの名称も、イスラームに関わる名前が付けられている。例えば筆者が訪問した学校の就学前クラスの名前は「メッカ」。自分たちの

スウェーデンのイスラーム学校内の風景（撮影：見原礼子）

願いを寄せ書きしたコーナーには、シリアやパレスチナの窮状が改善されますように、という思いがつづられたメモがあった。

スウェーデンの学校関係者によれば、イスラーム学校が目指しているのは、学校教育におけるイスラーム文化の尊重と継承だけではない。質の高い教育を通じて、子どもたちの学力を伸ばす努力もしている。また、イスラームの信仰や移民の背景を持たない教師を多く雇用し、教師を通じてスウェーデンの伝統や文化を尊重することも教えているという。イスラーム学校に通うムスリムの子どもたちが、この学校を出発点として、スウェーデン社会、さらにはグローバルな世界へと羽ばたけるようにという思いのもとで、学校運営は続けられてきたのである。

校舎内には礼拝用の部屋も用意されている（撮影：見原礼子）

イスラーム学校をめぐる議論

だが、イスラーム学校をめぐっては、スウェーデンをはじめ、ヨーロッパ全体でさまざまな議論が繰り広げられている。とりわけ21世紀に入って以降、過激主義の教育の場への浸透が懸念されるようになったことから、ヨーロッパ各地にあるイスラーム学校はムスリム住民やその子どもの社会統合を妨げる場として、政治やメディアの場で批判にさらされることになった。イスラーム学校の教育内容には、ヨーロッパの価値規範が十分反映されていないのではないかという批判もある。そのような批判は反イスラーム感情によって増幅される傾向もあり、国によってはこれ以上のイスラーム学校の開校を認めない措置をとろうとしたり、現在運営されている学校の閉鎖を求める動きや教育監査をより強化する動きもある。

　こうした批判を乗り越えるためには、ヨーロッパの価値規範を踏まえてイスラーム教育を提供することができるムスリム教員の養成が重要であるということが、多くのヨーロッパ諸国での共通認識となっている。スウェーデンでも、近年、ウプサラ大学でイスラーム神学のコースが誕生するなど、よりスウェーデン社会に根差したイスラーム学校を運営するためのいくつかの試みが始まっている。

（見原礼子）

・Berglund, J. (2019) State-Funded Faith-Based Schooling for Muslims in the North. *Religion & Education*. DOI: 10.1080/15507394.2019.1590943.
・Franken, L. and Gent, B. (eds.) (2021) *Islamic Religious Education in Europe: A Comparative Study*, Routledge.
・Letmark, P. (2022-12-28) Skolor med risk för extremism och islamism ska granskas hårdare. *Dagens Nyheter*. https://www.dn.se/sverige/skolor-med-extremism-och-islamism-ska-granskas-hardare/.

2 「ゲットー」と地域スポーツクラブ

デンマークでは多くの子どもたちが地域スポーツクラブに通っている。男子にはサッカーやハンドボール、女子には水泳や体操などが人気だ。地域スポーツクラブは全国に約1万6000あり、3割の国民が会員となっている。スポーツ政策の要であると同時に、社会統合の重要な立役者でもある。

市民からエリートまで

デンマークは国際大会でメダルを獲得できる選手輩出の「効率性」が高い。国の機関である「チーム・デンマーク（TEAM DANMARK）」は、国際レベルの優秀選手を育成する環境を持つ自治体を選定し、地域スポーツクラブや教育機関と連携して育成に取り組んでいる。

例えば、その地域の学校に特別クラスを設置したり、高校にスポーツアドバイザーを置いたりして、競技出場のために授業の欠席が多い生徒たちが助け合う取り組みや、在学期間の延長などを行っている。また、優秀選手が所属する地域スポーツクラブには、自治体から強化費が出ることもある。

優秀選手の多くは、地域スポーツクラブを基盤とした育成を受けながら、エリート選手になっていく。そのため、大衆スポーツとエリートスポーツには境目がなく、地続きになっている。

エリートスポーツの位置付けも独特だ。勝利や結果至上主義に陥らず、アスリートの人生や社会全体を豊かにするものとして捉えられているという。

非競争的な理念の背景には、スウェーデン、ドイツ、英国のスポーツの影響がある。特にスウェーデン体操は、19世紀に起きた農村の社会運動の中で権力への抵抗を象徴するものとなり、ホイスコーレなどで講義や歌と並んで実施された。

非競争的なスポーツを表す「民衆スポーツ（Folkelige idræt）」という言葉が生まれ、身体の各部位を鍛える体操は、競技やエリートが存在しない市民啓蒙の手段としても用いられた。

体操の伝統は、現在もスポーツ界に流れている。6400以上の地域スポーツクラブが加盟するデンマーク体操・スポーツ協会の目的は、スポーツ活動などを通したボランティア組織の強化や、市民啓発の促進にある。加盟クラブの競技指向はあまり高くない。また、クラブの活動で民主的な意思決定などを学ぶ。

社会統合の手段として

政府は近年、住民の失業率や犯罪率、学歴、所得、そして移民の割合をもとに、課題を抱えた地区を「ゲットー」として公表している。移民統合省は、ゲットーに住む移民の人々の社会統合を促すために、スポーツを活用している。

2005年から、これらの地区における地域スポーツクラブの活動を支援し、住民への普及を促すために、デンマークオリンピック委員会・スポーツ連合（DIF：Danmarks Idrætsforbund）による「get2sport《ゲットゥースポーツ》」というプロジェクトが行われている。

貧困地区では、地域スポーツクラブのスタッフであっても、社会的な課題に対応しなければならな

スポーツクラブに参加するゲットーの子どもたち（提供：DIF）

サッカーをするゲットーの子どもたち（提供：DIF）

いことが多い。get2sportでは、彼らがリーダーやコーチ、クラブ運営者としての活動に専念できるようにするため、有給スタッフ派遣や、必要な物資の提供、スタッフのネットワークづくりを研修などを通して支援する。同プロジェクトは、2019年の時点で43のゲットーにある55団体を支援している。

get2sportのロゴの入ったシャツを着てプレーする若者たち（提供：DIF）

あるゲットーでサッカークラブに所属している13歳の男子は「サッカークラブに入ってから、学校に行くのがとても楽しくなった。学校が休みのときにはサッカーの試合や練習ができるし、たくさんの友達ができた。特にデンマーク人の友達ができた。この地区にはギャングがいるが、他の若者と知り合えたので支え合っていける」と述べている。

若者支援を研究するソーレン・ウスタゴー氏は、ゲットーに暮らす若者の犯罪予防に地域スポーツクラブが不可欠だと述べている。地域スポーツクラブは、子どもや若者らが、親友や仲間を作れる場であり、それこそが唯一、「正しい方向」に彼らの背中を押してくれるものであるという。

ゲットーに暮らす子どもの両親の多くは移民であり、彼らの多くはデンマークのスポーツクラブ文化を知らない。両親に説明して、子どもたちの参加を促し、社会統合への道を作っていく。取り組みはこれからも続く。

（佐藤裕紀）

・日比野幹生・東原文郎（２０２０）「デンマークのエリートスポーツ政策の特性」オリンピックスポーツ文化研究、5、131－148.
・Ibsen, B.（川西正志訳）（２０１０）「デンマークのスポーツ組織の構造とその発展」Heinemann, K. 編、川西正志・野川春夫監訳『ヨーロッパ諸国のスポーツクラブ――異文化比較のためのスポーツ社会学』市村出版、173－192.
・DIF get2sports (n. d.) https://www.dif.dk/samfundsansvar/dif-get2sport.

3 異文化の境界に鳴るキックオフの笛

スウェーデンは世俗的な国と言われてきた。キリスト教国であるものの、多くの行事に宗教色がほとんどない。しかし、文化や宗教が多様化する中で、その違いが目につくことも多くなった。「多文化化」する地域社会で暮らす子どもたちの日常から、スウェーデン社会の可能性を探りたい。

サッカー少年・少女たち

スウェーデン南部のベクショー市にあるイスラーム学校（運営費の大半を公費でまかなう私立学校）では、サッカーが大人気だ。新学期に入ると、ホームルームの議題の一つに「サッカーの計画（fotbollsschema）」が挙がる。サッカーについて議論するときは、ファティマの口数が増える。ファティマは運動神経抜群なサッカー少女だ。恥ずかしがり屋のアリーも、授業ではあまり手を挙げないが、ことサッカーの話題になると自分の意見を通そうと妥協を許さない。

休み時間になると、子どもたちはサッカーボールを持って校庭に飛び出す。男女問わず、そして氷点下の空気もものともしない。サッカーには日々の楽しみ以外にも大事な目的がある。このイスラーム学校で開かれる近隣の学校とのサッカー大会では、スウェーデン生まれの両親を持つ子どもや、外国生まれの両親を持つ子どもなど、異なる文化を持った子どもたちが混ざり、サッカーボールを蹴りながら協働する意味を学ぶ。

ますます多様になるスウェーデンの学校

ムスリム人口の増加により、教育現場では多様性への対応が求められている。例えば、一般の基礎学校（日本の小中学校に相当）でも、ビュッフェ形式の給食には「ハラルフード（イスラームの教えに沿って作られた料理）」の選択肢があり、レバノンやパレスチナ出身

ラマダーン明けのお祝いでモスクに集まるムスリムたち（撮影：田平修）

のムスリム生徒たちも心配はいらない。

また、スウェーデンでは、外国の背景を持つ生徒に対する学習権として、母語教育を受ける権利が保障されている。イスラーム学校に通う子どもたちは週に1時間、自身の母語を学ぶ。チェチェン語のクラスでは、スウェーデンで育ったチェチェンルーツの女の子たちが一緒に学ぶ。別の教室では、70年代にスウェーデンに来たソマリア人教員のもと、6人の6年生がソマリア語を勉強している。

イスラーム学校の子どもたち（撮影：田平修）

学校教育庁のデータ（2019年）によると、基礎学校全生徒のうち28・3%が母語教育の対象となっている。対象言語の上位2つは、アラビア語（全生徒の7・3%）とソマリア語（同2・0%）であった。この数字はムスリムの背景を持つ生徒数の多さを示している。

ひと口にムスリムといっても、子どもたちの出自は多様だ。上述のイスラーム学校では、アラブ系、ソマリア系、欧州系の子どもたちが学んでいる。また、近隣の基礎学校では、ムスリムに限らず、全生徒の9割が外国の背景を持つ。近年ではパキスタンやバングラデシュなどの南アジア系移民も増加しており、多様性の幅もさらに広がっている。

前向きなキックオフを後押しする「第三の空間」

スウェーデンでは1919年まで「キリスト教」という科目があり、宗教教育が重視されていた。その割合は次第に減少し、69年に科目名が「キリスト教」から「宗教」に変更された。夏至祭や聖ルシア祭も、キリスト教を起源とするものの、現代では宗教色がほとんどない。

宗教や文化の多元性を尊重してきたスウェーデンだが、ムスリムへの偏見や移民に対する差別は依然として残っている。イスラーム学校はしばしば矢面に立たされ、ムスリムの子どもたちをスウェーデン社会から分断していると批判される。

インド出身のホミ・バーバ教授（ハーバード大学）は、文化の混ざり合う境界を「第三の空間」と表現し、その文化的雑種性に、新しい文化や価値を生む可能性を見いだしている。

サッカー大会を終えて（提供：ベクショーイスラーム学校）

子どもたちがシュートを目指し戦う空間は、小さな「第三の空間」と言えよう。異なる文化と背景を持つ子どもたちが1つのボールを追い掛けるグラウンドには、宗教や文化の差異による「衝突」や「レッドカード」はない。イスラーム学校には、他者への敬意とムスリムとしての自尊心を育むという思いがあり、学校は子どもたちをスウェーデン社会に送り出すための工夫を凝らしている。サッカー大会はその現れでもある。

人口１０２３万人のスウェーデンは、この10年で人口がおよそ１割増加している。スウェーデン社会全体に広がる「第三の空間」においても、前向きなキックオフの笛が吹かれ、フェアプレーが続くことを願いたい。

（田平修）

・Bhabha, H. K. (1994) *The location of culture*. London: Routledge.
・Skolverket (2018) *Beskrivande data 2017: Förskola skola och vuxenutbildning*. Stockholm: Skolverket.

4 フィンランドにおける「継承語教育」

移民政策に消極的と言われてきたフィンランドにおいても、2010年代から移民の数が急速に増え、2019年には総人口に対する外国人の割合が7・7%に上った(同年の日本における割合は2・3%)。それに伴い、公用語であるフィンランド語、スウェーデン語、サーミ語を母語としない子どもも増えている。家庭内で話される外国語の母語は「継承語(ヘリテージランゲージ、oman äidinkieli)」と呼ばれる。移民に対して現地語の教育を行っている国は多いが、フィンランドでは、それに加えて継承語の教育も提供している。

言語と文化の継承のために

リサちゃん(8歳)は両親がハンガリー人で、家庭内ではハンガリー語を使用して生活している。小学校に入り現地語であるフィンランド語での授業が始まって以降、ハンガリー語の文法的な間違い

継承語クラスは公立学校の放課後の空き教室を使って行われる（撮影：山本みゆ紀）

や会話でのつまずきが多くなってきた。

移民の背景を持つ子どもたちは、学校に入学すると現地語（フィンランド語）の影響が強くなり、継承語としての母語習得が不完全になったり、その学習自体をやめたりしてしまうという問題を抱えがちである。そこで、継承語学習を支援するため、フィンランドの自治体は外国語話者の子どもに対する補助教育についての法律にもとづいて、継承語学習クラスを提供している。

基礎学校（日本の小中学校に相当）では、同じ言語を話す子どもが4人以上集まれば、継承語クラスが開講される（フィンランド語手話、サーミの地方言語群、ロマ言語群の場合は2人以上）。ユヴァスキュラ市では、25種類の言語の継承語クラスが設置されており、約600人の子どもが受講している（2020年）。アラビア語、中国語、英語、日本語など多岐にわたり、週1回、2時間の授業が平日の夕方に設定されている。参加は任意で、無料で受けられる。授業は、読む、書く、話す、聞くという言語の4技能だけではなく、その国の歴史や文化も学べるように構成されている。

言葉を学ぶことは、アイデンティティ形成や思考様式

就学前児童（6歳児）も継承語クラスの対象となっている（撮影：山本みゆ紀）

に大きく影響する。例えば、フィンランド語では上下関係を表す言葉や文法はそれほど強調されない。「彼」「彼女」を表す言葉は「ハァン（hän）」という一つの単語で表され、男女の区別が無い。

また、日常会話では敬称を使用せず、名前のみで呼び合う。日本人からすると「さん」や「様」を付けたくなるところだが、フィンランドでは社会的地位の高い人であっても名前のみで呼び合うのが普通である。言語の背後にあるこのような価値観は、文法や単語を勉強するだけでは理解が難しい。継承語教育はこうした文化や価値観の学習の役割も果たしている。

現地政府と自治体が提供

フィンランドの継承語クラスで注目したいのは、その運営主体である。フィンランド国内の継承語クラスは、フィンランド政府と自治体が提供している。例えば、日本にルーツを持つ子どもへの継承語教育を考えた場合、日本人学校や日本語補習校で開催され、日本政府や現地の日本人有志が運営主体となる形態も想定できるが、フィンランドにはヘルシンキにしか日本語補習校がないため、それ以外の都市に住んでいる子どもは継承語教育を受けられないことになる。フィンランドでは、現地の政府と自治体が運営していることから、補習校や日本からの支援に関係なく継承語教育を受けられる。

背景には同化主義を否定する考え方がある。支配的な文化や言語を受け入れさせるのではなく、少数者の文化や言語を尊重し、同等の権利を認める複言語・複文化主義の現れとして、継承語クラスを捉えることができる。

さまざまな課題を乗り越えて

継承語クラスにも課題は多い。ユヴァスキュラ市の継承語クラスは経済不況のあおりを受け、2020年に廃止の危機にさらされた。市の経済調整プログラム計画に継承語クラスの廃止案が含まれていたのである。これに対して、継承語クラスの教師や市の担当者らが中心となって署名活動を行った。結果として、排他主義的な教育は認めないという議事提案にもとづき、継承語クラスは廃止を免れた。

教師の目線から見た課題も少なく無い。例えば、就業時間の問題、異学年混合での一斉授業の難しさ、指導者養成・研修の不足、雇用条件の不安定さ、教材入手の難しさなどが挙げられる。サービスのレベルも自治体間で統一されているわ

日本語クラスは異学年混合の良さを生かし、共同でのワークなどを多く取り入れている（撮影：山本みゆ紀）

けではない。

　これらの問題を乗り越えるために、フィンランド各地の継承語クラスを受け持つ教師が母語継承語教師協会（oman äidinkielen opettajat ry）という全国団体を組織し、授業のアイデアをシェアしたり、問題点を話し合ったりと、活発な情報交換を行っている。

　多くの課題を抱えながらも、フィンランドでは複言語・複文化主義を実現しようとしている。継承語教育への取り組みはその現れの一つであり、移民が年々増えつつある日本においても、行政の在り方として学ぶべき面は多い。


（矢田匠・山本みゆ紀）

・Statistics Finland (2021) Immigrants in the population. https://www.stat.fi/tup/maahanmuutto/maahanmuuttajat-vaestossa_en.html.
・City of Jyväskylä (2022) Oman äidinkielen opetus - Heritage language learning. https://peda.net/jyvaskyla/kieku/oma_aidinkieli.

5 障害のある人のための「食育」

スウェーデンにおける障害者への食育について取材した。今回は、成人の知的障害者への取り組みを紹介する。

自分の健康は自分で守る

ストックホルムでは、軽度～中程度の知的障害者が、健康的な食生活と運動習慣を身につけることを目的に食育を行っている。そこでは、「障害者自身が、自分の健康を自分で守ることを支援する」ことを大切にしている。

同県が発行するリーフレットの「今日の献立を決めよう（Planera dagens måltider）」では、バランスのよい食事が一目で分かる「プレートモデル」を紹介している。1枚のお皿の中に、主食、タンパク質、野菜がほぼ3分の1ずつ盛られており、スウェーデンの食糧庁が、バランスのよい食事とし

（左）食糧庁によるプレートモデル（出典：Livsmedelsverket）
（右）一般的なビュッフェスタイルの食事（撮影：中田麗子）

て定めているモデルだ。

スウェーデンでは、１枚のお皿に好きなものをとるビュッフェ形式の食事も多いため、その食文化が反映されており、誰もが簡単に、分かりやすく、健康的な食事をとれるように工夫されている。

専門家の指導によって栄養状態が改善されることだけでなく、障害者自身が、自分にとって必要な食事を選び、行動できることを目標とする。すべての人を個人として尊重して、「自己決定権」を大切にするスウェーデンの文化が表れているといえる。

買い物や調理も食育の一環

スウェーデンでは、買い物の工夫も障害者への食育の一つとして考えられている。積極的に選んでほしい食材、控えた方がよい食材の選び方は、「キーホール（Nyckelhålet）」のマークがヒントになる。

キーホールは、スウェーデンの食糧庁が定めた認証制度だ。砂糖や塩分、脂肪、食物繊維などの含有量が科学的に推奨できる基準を満たしていれば、製造者は商品にマークを付けて販売できる。

申請すればマークは無料で付けられ、スウェーデンのほかノルウェー、デンマーク、アイスランドなどの北欧諸国でも取り入れられている。

また、ＩＴを活用した調理支援も行われている。「食の喜び(Matglad)」は、知的障害者のためにつくられたアプリで、献立の立て方、調理の手順、調理器具の選び方を、簡単なスウェーデン語とイラストや動画で分かりやすく紹介している。

食材を選び、料理を楽しむことを支援することで、食を通じて、障害者が自立して生活できる社会づくりが進められている。

自己決定と健康は両立できるか

しかし、「自分で選ぶ」ことと「健康的でいる」ことが、しばしば矛盾するという指摘もある。

スウェーデンでは入所施設が解体され、障害者は自宅やグループホームなど、地域の中で生活している。食事を含めて、生活全般において自己決定が重視されているが、本人の嗜好《しこう》に任せることで、栄養バランスの偏りや生活習慣病などの問題も生じているという。

（左）キーホールのマーク（出典：Livsmedelsverket）
（右）キーホールがついた乳製品（撮影：リンドベリィ真美氏）

特別学校などを卒業した後は、給食のようなシステムがないため、専門家が食生活を把握することが難しくなっている側面もあるようだ。「本人の自立を尊重しながら、必要なタイミングでどのようにケアに入るか、専門家は苦労し悩んでいる」という研究者たちの言葉が印象的であった。

「誰一人取り残さない」社会のための食育

新型コロナウイルスの感染拡大による学校や施設などの閉鎖を経験したことで、家庭や個人でどのように健康的な食事を維持するか、ということが世界的に改めて注目されている。ユニセフも、休校やロックダウン下で生活している家庭向けに、新鮮な野菜をとることや、代替物として野菜や豆の缶詰、栄養価の高い穀物類を活用すること、チーズやゆで卵、乾燥果物などの健康的なおやつをストックすることなど、安価で簡単に健康的な食生活を送るためのポイントを紹介している。

持続可能な開発目標（ＳＤＧｓ）が掲げる「誰一人取り残さない」社会の実現のために、誰もが自分の健康を自分で守ることができる環境を、食を通じてどのように支援していくか。そのための食育の在り方が、これからさらに求められてくるのだと感じている。

（井上瑞菜）

・Folkhälsoguiden (n.d.) *Hälsofrämjande gruppbostad*. https://www.folkhalsoguiden.se/amnesomraden-arkiverade/jamlik-halsa/projekt/gruppbostad/.

・Hushållningssällskapet Västra (n.d.) *MatGlad*. https://matglad.nu/matglad/.

・Livsmedelsverket (2022-03-28) *Mat och måltider i gruppbostäder (LSS)*. https://www.livsmedelsverket.se/matvanor-halsa--miljo/maltider-i-vard-skola-och-omsorg/gruppbostad-lss.
・河本佳子（２００６）『スウェーデンの知的障害者――その生活と対応策』新評論
・エリクソン、K.（２０１２）『スウェーデンにおける施設解体と地域生活支援――施設カールスルンドの誕生と解体までを拠り所に』現代書館

6 カラフル靴下が拓くダウン症への理解

子どもをスウェーデンの学校に通わせていた1年間、日本とは勝手が違って驚くことが多々あった。特に、大小さまざまな行事については、6歳の子どもが聞いてくる情報に、半信半疑になることも少なくなかった。その一つが「明日は、バラバラの靴下を履いて学校にいく」というものだった。

「世界ダウン症の日」

スウェーデンの人気童話『長靴下のピッピ』の主人公が、左右異なる靴下を履いているのを模した遊びかと思ったが、そうではなかった。教室のカレンダーには、その日の欄に「Rocka sockorna!《ロッカ・ソッコールナ》（靴下でロック！）」と書かれていた。

教員に尋ねると「その通りよ！」と、子どもが正しく伝達できたことを評価した上で、笑顔で教えてくれた。

3月21日は「世界ダウン症の日」だという。ダウン症は、正しくはダウン症候群といい、細胞の中の21番目の染色体が、通常は2本だが、生まれつき3本あるために起こる。3月21日という日付はこの数字の組み合わせから来ている。2012年に国連が定めた。

　啓発活動として、カラフルだったり、左右が違ったり、目立つ模様のついた靴下を履く「Lots of socks《ロッツ・オブ・ソックス》（たくさんの靴下）キャンペーン」が世界中で行われている。そのスウェーデン版が「ロッカ・ソッコールナ」だ。

靴下は2本セットであることや、かかとのところで曲がった形が染色体と似ている。派手な靴下を履くことで、多様性を意識し、ダウン症について語るきっかけにしようというのだ。

ダウン症の理解を広める

きっと子どもたちは、左右異なる靴下を楽しげに履いたり見せ合ったりしながら、ダウン症について学校で話を聞いたり、家や地域の人たちと話をしたりするのだろう。

そして、ダウン症の人がどのような困難を抱え、どのような教育や支援のニーズがあるかといったことを学ぶ。

例えば、スウェーデン・ダウン症協会（Svenska

ロッカ・ソッコールナのポスター（提供：Svenska Downföreningen）

Downföreningen）のウェブサイトには、次のような○×クイズが載っている。あなたは、○か×か分かるだろうか？

1. ダウン症は病気である
2. ダウン症の人は、読み書きを学ぶことができない
3. ダウン症の人は、皆、うれしそうで、かわいらしくて、音楽が好きだ
4. ダウン症の子どもは、普通のプリスクール（幼保一元化された施設）や学校に入れる

正解は、4番だけ○で、他は×だ。

スウェーデンでは、ダウン症の子どもは通常、学校に通いながら特別支援教員の支援を受けることができる。本人の適性を考えて家族が希望すれば、特別学校（särskola）に行くこともできる。

身近にダウン症の人がいても、間違ったイメージを持っている人も多いかもしれない。

スウェーデンの赤ちゃん用品企業は、オムツパッケージのモデルにダウン症の特徴を持つ赤ちゃんを起用し、好意的な注目を集めた。デンマークでは、ダウン症のモルテンとペーターがテレビで人気を博した。

ダウン症のモデルを起用した赤ちゃん用オムツ（撮影：林寛平）

北欧では、ダウン症がごく自然に社会に受け入れられているように見える。こうした共生の姿勢は、正しい理解にもとづくものでもある。

ダウン症児へのスポーツ指導

ダウン症児は、人によって程度は異なるが一般的に筋力が弱く、動作がゆっくりで、平衡感覚が弱い。そのため、スポーツや運動を苦手とすることが多く、肥満といった健康上の問題につながりやすい。

こうした問題に対して、ダウン症の理解や特別なスポーツ指導を広める「Ｕｐ＆Ｇｏプロジェクト」が行われた。このプロジェクトはスウェーデン、ノルウェー、リトアニア、クロアチア、ルーマニアの５カ国が連携して進められ、スポーツリーダー向けの研修プログラムが作られた。

研修プログラムは、ダウン症についての理解、ダウン症児の運動に関する理解、そして指導法といった内容からなる。参加者に自分自身の実践を振り返ってもらいながら、日常的な事例をふんだんに取り入れて、実際の指導にすぐに生かせるように設計された。

研修を通して、参加者はダウン症児の運動能力に関する理解を深め、適切で安全な運動方法や具体的な指導法を習得した。研修の成果や、使われた教材などは今でもネット上で公開されている。

適切な支援の方法を広めることで、ダウン症児の健康と成長を支え、共生をさらに進めることができる。

身近にあるものをほんの少し変えてみることで、楽しみながら、人々と話したり、正しい知識を身につけたり、考えたりする機会になる。大切なことを学び始めるのに、神妙さや厳格さは必ずしも必要ない。そして自然な話し合いが、多くの人の視野を広げ、理解を深め、行動を起こすことにつながっているのだろう。

あなたも３月21日に、カラフルな靴下を履いてみませんか。

（本所恵）

・Svenska Downföreningen (n.d.) *Rocka sockorna*. https://www.svenskadownforeningen.se/rocka-sockorna/.

・Up & Go (n.d.) *Up & Go: A training program*. http://upandgo.nu.

7　ＬＧＢＴＱ＋関連のイベントと学校

北欧は性的マイノリティの権利に関して先導的に取り組んできた。ストックホルムでは、毎年プライドパレードが行われる。これはＬＧＢＴＱ＋が社会の一員であることを示し、それぞれの生き方を尊重するための社会運動だ。プライドの様子や学校とのかかわりを紹介する。

老若男女が楽しむお祭り

２０１８年７月末に「ユーロプライド・ストックホルム（Euro Pride Stockholm）」という１週間のイベントが開催された。毎年開催されるストックホルムプライドに、欧州の都市が持ち回りで行う「ユーロプライド（Euro Pride）」の開催が重なった形だ。プライドは、ＬＧＢＴＱ＋（レズビアン、ゲイ、バイセクシュアル、トランスジェンダー、クィア他）に対する社会の理解向上をうたう祭典である。

中心部に設けられた「ユーロプライドハウス」という会場では、ＬＧＢＴＱ＋に関するセミナーや

レインボーフラッグが掲げられた王立ドラマ劇場（撮影：松林杏樹）

プライドパークに参加する人々（撮影：松林杏樹）

討論会などが行われた。スウェーデンで初めて性的マイノリティの人々にフォーカスした法律事務所による無料の法律相談会や、ゲイの合唱団によるワークショップも開催された。

「ユーロプライドパーク」という会場では、さまざまな企業のブースが設置されていた。ＬＧＢＴＱ＋に関連したクイズや、レインボーカラーのメイク体験などに参加できる。レインボーカラーで装飾されたリストバンドやサングラスといったグッズも配られていた。これらには、企業のロゴが入っていて、企業の宣伝の一環としても利用されている。

印象的だったのは、イベント会場に幅広い年齢の人々が訪れていたことだ。赤ちゃん連れの家族や、子どもからお年寄りまで、さまざまな人が参加していた。

夜7時になると、広場の中心に設置されたステージで、著名なアーティストによるライブが開催された。まるで、音楽フェスのような雰囲気だ。そして、メインイベントであるストックホルム市内を行進するパレードが盛大に行われた。

学校では賛否あり

学校がプライドイベントを行うこともある。ヒューディクスバル市のホースタ学校の生徒は、2年間の活動をもとにミュージックビデオを作成し、市のプライドイベントで発表した。歌詞も子どもたちが考えたものだという。

「おかしなことがあったら『ダメ』と一緒に言おう」

「何を信じていてもいい、お互いにリスペクトしよう」

「LGBTでも〈ヘテロ〉でもいい、誰のことが好きでもそんなことは関係ない」

2年間、さまざまな理由にもとづく差別について学習していく中で、子どもたち自身が歌を作るというアイデアを思い付いたという。

地域のプライド期間中に、レインボーフラッグを掲げるプリスクール（幼保一元化された施設）や学校もある。プライドを主催する団体は、学校向けに研修も提供している。

一方で、学校でのプライドイベントに反対する声もあるようだ。保守系のメディアでは、子どもがパレードへの参加を強制されているように感じたり、自分の性別を疑うことを奨励しているように感じたりするという保護者の意見が紹介されている。また、プライドは、政治的なメッセージや利害関係も含んでおり、安易に学校に持ち込むべきではないという意見もあった。

みんなが暮らしやすい社会

ホースタ学校のミュージックビデオには、「みんなが幸せであることが大事」という歌詞が出てくる。プライドが、みんなが暮らしやすく、みんなが幸せになる社会を後押しするイベントだとしたら、その視点はスウェーデンの社会に浸透しているように見える。

例えば、スウェーデンの公共施設のトイレは男女の区別がない個室であることが多い。学校でも、男女別のトイレではなく、個室が廊下に並んでいるのをよく見かける。これは、性的マイノリティだけでなく、障害がある人を含めてすべての人にとって使いやすい。

誰かの立場に立つ、ということ以上に、「誰もが暮らしやすい社会を目指す」というメッセージこそが、プライドが伝えてくれる価値なのかもしれない。

（松林杏樹・中田麗子）

・Hudiksvalls kommun (2020-08-23) *Tillsammans för allas lika värde*. https://www.hudiksvall.se/Arkiv/Nyheter/Nyheter-2020/2020-08-23-Tillsammans-for-allas-lika---varde.html.
・West Pride (n.d.) *HBTQI-UTBILDNING FÖR SKOLOR*. https://westpride.se/hbtqi-utbildning-for-skolor/.
・Janzon, E. (2018-10-03) Skola arrangerade Pride: "Mitt barn mådde dåligt". *Världen idag*. https://www.varldenidag.se/nyheter/skola-arrangerade-pride-mitt-barn-madde-daligt/repriA!XFJjeP8iQ1TAfAtqF3FaIQ/.

8 デンマークの男性保育者

保育職は女性の割合が圧倒的に高く、ジェンダーバランスに大きな偏りがある。日本では男性の割合が増加傾向にあるものの、依然として5％未満と推計されている。国外に目を向けると、デンマークはノルウェーと並び、世界で最も保育者のジェンダーバランスの偏りが小さい国だが、男性の割合は10％程度である。しかしながら、保育現場に男性を受け入れてきた経験は、日本の保育職をジェンダーの観点から捉え直すための多くの示唆に富んでいる。

性別にとらわれない保育者の援助

男性保育者の存在が欧州諸国で脚光を浴びるようになったのは、社会における父親像の変革を目指し、1980年代からさまざまな取り組みを行ってきたEC（欧州委員会）の保育ネットワークによる貢献が大きい。各国による調査が行われる中、デンマークは男性保育者に関する取り組みを積極的に展開し、議論を先導してきた。

デンマークでは、子ども一人ひとりの異なる思いや表現を「個性」として捉え、それが最大限発揮され、尊重されることを目指した保育実践が行われている。乳幼児の個性にもとづいたニーズに応えて援助する保育者は、性別や宗教、人種、職業経験など、多様な文化的・社会的背景を有するほど、より多くのニーズに応えられると考えられており、こうした文脈の中に、男性保育者の必要性も位置付けられてきた。デンマークは多様な性の保育者の参入を後押ししてきたのである。

筆者が勤務していたデンマークの保育施設は、保育者の約３割が男性であり、自らの性別や子どもたちの性別にとらわれず、日々のあらゆる援助に励んでいた。

ある日、長期休暇の時期で複数の女性保育者が欠勤し、男性保育者が大半の日があった。普段は活発に遊ぶ子どもたちと関わるために、屋外やプレイルームで多くの時間を過ごしているが、その日は排泄の援助も男性保育者のみで行っていた。昼休憩時に、女性施設長から保育の様子を尋ねられると、「今日は全員分のオムツを替えたよ！」と誇らしげに話す男性保育者の姿が印象的だった。

また、男児がごっこ遊びでプリンセスの衣装を着るために男性保育者のもとへ歩み寄ってきた時にも、性別を理由に男児の選択を否定することなく、個性として選択を尊重し、衣装の着脱を援助する場面もあった。

一方で、子どもと一緒に丘から転がり落ちたり、園庭で仰向けに寝転がって空を眺めるなど、身体を積極的に動かして関わる女性保育者の姿も見られた。こうしたダイナミックな活動を「男性的な」活動ではなく、性別にとらわれない活動の一つとして捉え、それが子どもたちも認識できるよう、援助を行う保育者の姿があった。

この保育施設で長年働く保育者に話を聞くと、「日々の生活を通して、子どもたちが多様で柔軟なジェンダー意識を醸成できるように援助することも、保育者としての重要な役割の一つだ。より均衡に近いジェンダーバランスで保育環境がつくられていることにも、そのようなねらいがある」と語っていた。

矛盾から脱却する鍵

筆者が日本の幼稚園で勤務していたころは、「男性だからできること」を探し、無意識のうちに「性別」にとらわれながら保育を行っていた。日本では男性保育者が少数であるが故に、自らの性別にもとづいた性役割分業が強調され、自身の存在意義に対する意識が偏ることがある。そのため、性別という視点のみで、存在意義を模索することに陥りやすいことが推測される。こうした状況では、「動的な活動は男性、静的な活動は女性」というように、性別によって保育者の援助の幅が制限され、無意識のうちに子どもたちの意識の中にも、従来の性役割分業観にもとづくジェンダー意識を再生産してしまいかねない。従来の性役割分業観から脱却することに貢献するはずの男性保育

園庭で遊ぶ男性保育者と子どもたちの様子（撮影：上田星）

おやつのピザを作る男性保育者と子どもたちの様子（撮影：上田星）

者が、実際にはジェンダーの再生産に加担しているという状況は、大きな矛盾を生んでいる。

一方で、デンマークでは子どもの個性を尊重する保育を基盤とし、性別によって制限や不平等を受けない保育の在り方を探求し、多様な子どもの思いに応えながら、日々保育を行う光景が広がっていた。保育者が多様で柔軟なジェンダー意識を醸成していくことに対する高い意識を持ち、保育者の協働の中で、これからの時代を生きる子どもたちに必要な力を育もうとしていることがうかがえた。デンマークの保育現場から垣間見えた保育者の姿は、日本の男性保育者が抱えるジレンマから脱却する重要な示唆を与えてくれる。

（上田星）

・Jensen, J. J. (1996) Men as workers in childcare services: A discussion paper. Brussels: European Equal Opportunities Unit, 1-56.
・国立教育政策研究所編著（２０２０）『幼児教育・保育の国際比較　ＯＥＣＤ国際幼児教育・保育従事者調査２０１８報告書――質の高い幼児教育・保育に向けて』明石書店

9　タトゥーと学校

スウェーデンでは近年、大小さまざまなタトゥーを目にすることが増えたが、教師のタトゥーには賛否両論がある。どんな議論が行われているのだろうか。

学校での服装

スウェーデンのほとんどの学校には制服がないが、服装に関しては、さまざまなものが議論になってきた。短いスカート、ジャージ、帽子が授業の場に適切かどうか――などだ。その他にも、ウエストポーチ、ピアス、髪のカラーリングなど、外見はいつも論争の種だ。そして最近議論になっているのが、教員のタトゥー問題である。特に、校長がタトゥーを入れることの是非だ。

学校のリーダーであり、子どもたちに手本を示す立場である校長に対して、「タトゥーはそぐわない」「入れるとしても小さいものに限る」といった意見は根強く存在する。身体に傷をつけるために

大学教員もタトゥーを入れていた（撮影：本所恵）

嫌悪感を持つ人もいるし、不気味な印象を持つ人もいる。

一方で、寛容な意見も広がってきている。タトゥーがあるからといって仕事の能力が落ちるわけではないし、子どもたちと話すきっかけになることもある。また、タトゥーで人を評価することもない。

スウェーデン教員組合（Lärarförbundet）は２０２０年の最優秀校長にセミラ・ヴィクストローム氏を選んだ。彼女はタトゥーを支持する校長の一人であり、彼女自身も多くのタトゥーを入れている。仕事中はブラウスで隠れるが、袖口からはマンダラやアラビア語で描かれた子どもの名前がのぞく。彼女は、タトゥーはさまつな問題にすぎないと言う。「校長にとって重要な能力は何か？　というような、もっと重要な議論がある」と。

腕全体にタトゥーをし、それを隠さない校長や副校長もいる。彼女らは「保護者も生徒も否定的には捉えない」と話す。「校長らしく見えない」と言われたことはあるが、それは否定的な文脈ではなかったという。

ただし、タトゥーの模様については配慮が必要だ。左腕一面にタトゥーを入れた副校長は「人種差別や政治的信条を訴える模様は認められない」と言う。大きさも違えば内容も違うタトゥーを、ひとくくりにして議論することはできないのだ。

工芸作品としてのタトゥー

タトゥーは、その歴史的背景や、身体に彫ることから嫌悪感を持たれもするが、彫刻として見れば、その彫りの技術や模様の美しさが目を引く芸術作品とも言える。

スウェーデン工芸評議会（SHR：Svenska hantverksrådet）は2018年に、タトゥー彫り師に「職人」や「マイスター」の資格を出すことを認めた。こうした資格は、家具職人、パン職人、金銀細工師、フローリストなど約80種類の職業で出されており、その一つにタトゥー彫り師が入ることになったのだ。

タトゥー彫り師の職人資格を得るには、約3年の見習い訓練かそれに相当する経験の上に、スウェーデン認定タトゥー彫り師会（SRT：Sveriges Registrerade Tatuerare）が実施する筆記と実技の試験に合格しなければならない。試験では、タトゥーの施術に使用する器具や色彩などに関する知識のほか、衛生や感染症リスク、歴史、倫理など、多岐にわたる知識が求められる。実技試験では、4時間かけてタトゥーを彫る準備から仕上げまでが試される。

職人資格は、タトゥーが社会的に認定されたことの大きな証しと言える。スウェーデンではこの10～20年間にタトゥーを入れる人が急増した。同時に、粗雑な施術、粗悪な塗料の使用、不完全な説明やアフターケア、不十分な衛生管理などが問題になった。独学のみで「タトゥー彫り師」を名乗る人は数知れず、家で自分自身にタトゥーを彫り、感染症にかかった若者も少なくなかった。

こうした状況は、顧客の健康被害につながるだけでなく、タトゥーの評判を落とし、適切な訓練を受けている彫り師の仕事を減らすと警告された。資格として認められることで、正統な彫り師の仕事が日の目を見ることになった。

高校選択や職業選択のための情報サイトにも、将来の職業の一つとしてタトゥー彫り師が掲載されるようになった。タトゥー彫り師になるには、高校の芸術学科か工芸学科に進学し、デザイン、絵画、色彩などを学ぶことが推奨されている。また、多くのタトゥー彫り師が個人で開業するので起業の知識があると良いことや、顧客の好みを聞き取りつつ創造性を働かせる職業である、と説明されている。

タトゥーが市民権を得てきている背景には、それを楽しむ人と、作り出す人の両面からのアプローチがあった。

（本所恵）

- Jällhage, L. (2020-10-07) 4 rektorer: Därför är vi tatuerade. *Läraren*. https://www.lararen.se/nyheter/reportage/4-rektorer-darfor-ar-vi-tatuerade.
- Sveriges Hantverksråd (2017-03-02) *Bestämmelser för Gesällbrev i Tatueraryrket*.https://hantverksrad.se/wp-content/uploads/2018/03/Tatuerare-Gesäll-Beslutade-2017-03-02-inkl-bilaga-justerade-2018-03.pdf.
- Keystone Education Group (2022-03-22) Så blir du tatuerare, Yrkesguiden. *Gymnasium.se*. https://www.gymnasium.se/yrkesguiden/tatuerare-11918.

10　学校の食堂で高齢者がランチ

スウェーデンの学校給食はビュッフェ形式が多く、子どもたちは校内の食堂に集まって食べる。2022年、ウプサラ市では市内の18の学校で、高齢者のための昼食提供を始めた。子どもたちに交じって、近隣の高齢者が安価で給食を食べられる。

孫と一緒にランチを

ウプサラ市では、高齢者に昼食を提供する「シニアランチ」プロジェクトを進めている。背景には、高齢者の健康とウェルビーイングを促進し、世代を超えた交流を促すという目的がある。市は2020年に3校でパイロットプロジェクトを始めた。当時の報道では、アルムンゲ基礎学校（日本の小中学校に相当）にランチを食べに来た高齢者が、孫に学校で会えることを喜んでいた。子どもたちに交ざってテーブルにつき、ビュッフェを楽しんだ。

ウプサラ市のある高校の給食ビュッフェの様子。野菜も豊富（撮影：中田麗子）

プロジェクトは、新型コロナウイルス感染拡大により中断していたが、2022年、参加校を18に増やして再開した。ある地域では、地域住人がメンバーとなっているSNS上で、シニアランチが地元の学校で始まることが宣伝されていた。

スウェーデン公共放送（SVT）はシニアランチの様子を「若者とのランチデート」と題して報じた。お友達数人でゴーブスタ基礎学校を訪れた高齢者たちは「子どもたちは興味津々で、何歳なのか、どうして学校にいるのか、いろいろと質問された。子どもたちと話すのは楽しい」と話した。高学年の子どもは「高齢者が他の高齢者と交流するのはいいことだし、いろいろな年齢層が交流できるのもいい。社会におけるグループ化を減らすことができる」と話した。

食後にコーヒーも

子どもたちにとっては無料の給食だが、高齢者は50クローナ（約650円）を負担する。スウェーデンでは外食が高く、ファストフードのハンバーガーセットでも一食2000円くらいかかる。シニアランチでは安価で栄養バランスの考えられた食事が食べられる。

メニューは通常の学校給食のメニューだ。日替わりで、グリルチキンや魚のグラタン、豆の煮込みやラザニア、ライスやじゃがいもなど多様なメニューが提供される。毎日野菜もある。

ただ、子どもと高齢者では人気メニューが異なるかもしれない。ある日のテーブルでは、子どもたちのお皿にはチリコンカン、高齢者のお皿にはキャベツのグラタンが盛られていたという。市の給食担当者は、高齢者にたくさん来てもらえるよう、おいしい食事を作りたいと意欲的だ。子どもたちはあまり飲まないだろうが、大人にはうれしい食後のコーヒーもついているという。

三方に「おいしい施策」

それまでも、ウプサラ市には高齢者に安価な食事を提供するシニアレストランが存在した。現在、7つのシニアレストランがあり、高齢者は60クローナ（約780円）でランチを食べられるが、一般の人も85クローナ（約1100円）で食事ができる。シニアランチを提供する学校と合わせると、高齢者が気軽に集える食事処が25カ所あるということになる。

ウプサラ市では、公的な食事はモール

シニアランチ開始の式典。生徒会会長と高齢者協会長によるテープカット（撮影：Danya Holmgren, Måltidsservice Uppsala kommun）

ティーズサービス（Måltidsservice）という内部サプライヤーが提供している。プリスクール（幼保一元化された施設）、基礎学校、高校の給食、高齢者住宅やシニアレストランの食事だ。教育施設と高齢者福祉施設の食事提供の事業者が同じであることが、この取り組みを可能にしている。

「学校でシニアランチ」は、子どもたちにとっては高齢者との交流が日常的に生まれ、高齢者は孤立せずに知り合いや若者と栄養バランスの取れた食事を楽しむことができ、そして市にとっては福祉と教育の側面を併せ持つプロジェクトだといえる。少子高齢化の時代に「おいしい施策」かもしれない。

（中田麗子）

・Måltidsservice (2022-10-25) Seniorlunch i skolan. *Uppsala kommun Måltidsservice*. https://maltidsservice.uppsala.se/mat-och-menyer/seniorrestaurangernas-maltider/seniorlunch-i-skolan/?hide-cookie-alert=St%C3%A4ng.

・Uppsala kommun (2020-02-11) Seniorlunch på skolrestauranger. *Facebook*. https://www.facebook.com/uppsalakommun/videos/1919362011541144/.

11 平和の担い手を育てる体系的な取り組み

日本財団が2019年に行った「18歳意識調査」では、日本の若者は未来への期待感が著しく低いという結果が出た。特に「自分で国や社会を変えられると思う」と感じる若者はわずか18・3%だった。教育先進国と言われるフィンランドでも、若者が将来に希望を持てないことが問題視され、対策が行われている。14歳を対象に行われている「Gutsy Go《ガッツィ・ゴー》」（勇気を出して行こう、の意）という取り組みを紹介し、解決の糸口を考えたい。

1週間、街の課題に取り組む

「Gutsy Go」のキャッチフレーズは、「学校を止《と》めて、平和の生み出し手になろう！」だ。参加校の8年生（14歳）全員が1週間、普段の授業や学校での活動を中断し、街の課題解決に取り組む。数人でチームを作って、自分たちの身の回りにある街の課題を取り上げ、解決策を検討し、教師や法律関係者、社会福祉事業者、民間企業など、さまざまな職種の大人に協力を依頼し、実行する。そして、その過程を動画で記録する。

生徒たちは、必要に応じて「Gutsy Go」のスタッフや教師と相談し、取り組む課題を決め、役割を分担する。課題解決に必要な物や人を特定し、協力を要請するのも生徒たち自身だ。そして毎日、チームで振り返りを行う。最終日には、プロジェクトを通して自分たちがどう変わったかを話し合う。

ホームレス、高齢者、幼児を支援

プロジェクトの内容はさまざまだ。例えば、「ホームレスの人をサウナに連れていく」「外出が難しい高齢者をアイスホッケーの試合に連れていく」「コロナ禍で制約が多く、思い切り遊べなかった幼児と一緒に遊ぶ」「外国から来ていてコロナ禍で帰れなくなり、ホームシックになっている人たちをサポートする」などだ。

活動を動画で記録する（提供：Gutsy Go）

「独りで住んでいる高齢者の家の庭を大勢で掃除する」という課題に取り組んだチームは、メンバーの隣人が一人暮らしのおじいさんだったことから、この課題を思い付いたという。時折、おじいさんの息子たちが顔を見せるが、お茶をして帰る程度のようで、庭は荒れ放題だった。以前はこのおじいさんがよく庭を手入れしていたので、今でもきっと庭をきれいにしたいだろうと、メンバーはずっと気になっていたという。

課題を決めた翌日、そのお宅や近所で似たような人がいないか訪ねて歩き、状況について調査した。必要な掃除道具がない場合は、どこから借りるかメンバーで相談した。

コロナ禍により屋内活動や訪問が制約される困難はあったが、参加した生徒たちは、やってみたいこと、習ってみたいこと、経験してみたいことに挑戦できるのが、とても面白かったと振り返る。計画を立てる際に、休憩や楽しむ時間を設定したのも良かったという。「やらなければならない」ではなく、どうしたら全員がモチベーションを保ったまま取り組めるかを考え、工夫したのだそうだ。

平和の担い手を育成したい

「Gutsy Go」は、若者が「何かしたい」と考えているのに、それを生み出すきっかけがない、という状況を打破するために創設された。世界の190カ国のうち9割は徴兵制による若者のトレーニングを行っているが、平和の担い手を育てるために体系的な取り組みをしている国はどこにもない。政

高齢者を対象に課題解決を行ったチーム（提供：Gutsy Go。なお、事例に出てくるチームではない）

治的・経済的な交渉で平和を生み出すのではなく、自分たちの身近な街で人々に前向きな交流を生み出していくことが重要だという考えのもとで、２０１６年から活動を開始した。

設立者は、テレビジャーナリスト、プロデューサー、そして代表取締役の経歴をもち、フィンランドや戦地を含む海外で20年以上活動してきたアラム・アフラトゥニ氏と、ジャーナリスト、プロデューサー、そして脚本家としてメディア業界で20年間活躍してきたヴェーラ・イコネン氏である。「Gutsy Go」のチームには教師経験者、国際映画や文化イベントの主催者、音楽映画の研究者、メディア関係者、写真家などもいる。「Gutsy Go」の特徴の一つは、プロセスをすべて動画などで記録することだが、こうした映像は何千もの人に発信され、さらに影響を広く与えることができる。

「Gutsy Go」は、２０１７年にフィンランド最大のイノベーションコンペティション「Builders of the Century《ビルダーズ・オブ・ザ・センチュリー》」で賞をとった。受賞により、国の助成金を獲得するとともに、大企業による支援にもつながった。その後、15都市以上で開催され、毎年何百もの課題解決策が実行されている。数年後には国内の14歳全員（約５万人）が参加することを目標としている。

「必要とされている」と感じる経験

「Gutsy Go」の効果に関する調査では、参加者が「自分は必要とされている、貢献できる」と感じられたと報告している。このプログラムは、街の課題発見や解決について、あくまでも、若者の興味や自主性が重視されている。

大人目線ではなく、若者が自分たちのこととして実際に活動し、体験しながら理解を深める。このように自分たちで取り組むことを通して、自分自身を価値がある存在であり、社会に対して影響を与えられると考える、前向きな思考が育っていくのだろう。

（田中潤子）

・日本財団（２０１９年11月30日）18歳意識調査「第20回社会や国に対する意識調査」要約版．https://www.nippon-foundation.or.jp/app/uploads/2019/11/wha_pro_eig_97.pdf.
・Gutsy Go (n.d.) https://gutsygo.fi/.

12

「こぼれ落ちた人たち」にも開かれた民衆大学

スウェーデンはリカレント教育を提唱した国であり、生涯学習先進国として注目されてきた。成人の学習活動への参加率は、ＥＵ内トップである（２０１８年時）。そうした学習機会は、学校からこぼれ落ち、いわゆる「一般ルート」から離れた人々の「学び直し」の場という一面もある。

フォルケホイスコーレを起源とする民衆大学

スウェーデンでは、学齢期を過ぎた大人が学ぶ場として、多様な学習機会が設けられている。例えば、中学校や高校の科目などを学べる公的成人教育機関、スウェーデンに移住してきた人たちのためのスウェーデン語教育機関、スウェーデン民主社会の基盤を構成していると言われる学習サークル、そして、今回取り上げる民衆大学（folkhögskola）などだ。これらは、施設利用料や教材費などは実費だが、授業料は無料となっている。

民衆大学は、デンマークのフォルケホイスコーレ（folkehøjskole）を起源とし、理念は継承しつつもスウェーデンで独自に発展してきた。民衆大学は大きく４つのコースに分かれており、①高校卒業認定のためのコース、②専門性を磨くためのコース、③職業資格を得るためのコース、④余暇のための短期コースがある。

フルーボーダ民衆大学（Furuboda folkhögskola）の外観（撮影：松田弥花）

近年、多くの民衆大学は、国の補助金が減額されて経営難に陥っている。そのため学習者獲得を目指してマーケティングに力を注がなければならなくなり、また、収益獲得のために短期コースが増設された。

こうしたスタッフへの負担増加に加えて、修了者の大学進学率など数値による評価が重視されるようになり、以前のように個々の学習者に向き合う教育を提供することが難しくなっている。「自由と自発性」を理念に掲げ、民主的な教育の場を目指してはいるものの、思い通りにならないことに関係者はもどかしい気持ちを抱えている。

多様な人生経験をもつ学習者

一方で、民衆大学の学習者に目を向けると、資格取得などの制度を利用しつつ、たくましく生きる姿が浮かび上がる。

民衆大学には、移民や障害がある人など、長らく社会の周辺に位置付けられてきた人々も多く参加している。ある女性は、諸事情で15歳で難民としてスウェーデンに来た。彼女は、10年以上、不法滞在せざるを得なかったが、自身と似たような境遇の女性を支援するという夢を持ち、民衆大学で学びはじめ、大学に進学してソーシャルワーカーになった。

紛争や宗教的背景により母国では十分に学校に通うことができなかった女性が、自身の夢を実現するための第一歩として民衆大学に通い、社会改善の一端を担うことになったのだ。

また、別の女性は、小学校の途中から学校に通っておらず、さらに長期にわたり薬物依存症を抱えていた。彼女は、30代になって更生施設で薬物を絶った後に民衆大学に数年間通ったことで、心身ともに健康的になった。いまでは、一児の母として市民社会に参加している。民衆大学では単位取得のみを目的としていないため、仲間と共に学ぶ楽しさを覚えたという。

他にも、元交際相手からDVを受け続け、最終的に高次脳機能障害を抱えることになった女性が、

フルーボーダ民衆大学での授業の様子（撮影：松田弥花）

病院などでのリハビリテーションを経て民衆大学に通った事例もある。彼女は、少しずつ記憶力や体力を回復させ、精神的にもある程度安定し、民衆大学卒業後は、自身の経験を生かした講演活動を行っている。

日本も含め世界中に、さまざまな事情により満足に学校に通えなかったり、ある日突然、これまでの人生のほぼすべてを失ったりする人がいる。民衆大学の学び手たちの事例は、最もしんどい状況にある人でも、学ぶことを通して輝かしい将来を描くことができるという希望を与えてくれる。

（松田弥花）

・folkhögskola.nu (n.d.) *Om folkhögskola*. https://www.folkhogskola.nu/om-folkhogskola/.

・Furuboda folkhögskola (n.d.) https://furuboda.org/.

・松田弥花（２０１４）「スウェーデン民衆大学における教育と学びの特質」生涯学習基盤経営研究、38、41－51.

第4章

ゆりかごから墓場まで

「ゆりかごから墓場まで」という言葉がある。戦後、英国が社会保障制度を「生まれてから死ぬまで」充実させようと掲げたスローガンだ。

北欧では、教育と学習の機会も、まさに「生まれてから死ぬまで」保障されている。

就学前の段階はケアの場でもあるが、教育の場としてもますます重視されている。学校の放課後には、生涯楽しめる趣味やスポーツの活動に親しめる。大学に直接進学しない場合でも、大人がいつでも戻れる職業教育、生涯学習の場が充実している。

学ぶことに年齢制限はない。

本章では、生涯にわたる学びの場を覗いてみたい。

1　デンマークの「森の幼稚園」

デンマークは「森の幼稚園」発祥の地だ。実際にどのような特徴があり、どのような考え方に支えられているのか。コペンハーゲンにある「森の幼稚園」の現場の声をお届けする。

雨でも雪でも屋外で過ごす

デンマークの保育園（vuggestue：0～3歳児未満の施設）・幼稚園（børnehave：3～6歳児の施設）は外遊びが多く、近所の公園や湖によく散歩に出かける。しかし、街中の園は広い園庭がない場合もあり、散歩の行先も限られてしまう。そこで、自然豊かな環境に敷地をもち、自然の中で毎日遊ばせるのが「森の幼稚園」だ。

コペンハーゲンの保育施設「湖畔の子どもの家（Børnehuset ved Søerne）」では、3歳以上の子どもたちが毎朝、登園した後バスに乗り、この園が所有する郊外の「森の幼稚園」に通う。子どもたちは

デンマークの幼稚園ではレインコートと長靴が常備されている（撮影：針貝有佳）

自然に囲まれた広々とした屋外で一日中過ごす。よほど悪い天気でなければ、雨でも雪でも外で過ごすのが基本だ。

同園では、3歳以上の子どものための「森の幼稚園」に、3歳未満の子どものための保育園が併設されている。保育園の主任ウッラスティーナ先生と、「森の幼稚園」の主任カミラ先生を訪ね、お話を伺った。

子どもがリラックスできる場

保育園・幼稚園で何よりも優先させることは、子どもたち一人ひとりがリラックスできる場づくりだという。子どもがリラックスしていることは、積み木でいう土台にあたる。土台がなければ何を学んでもいずれ立ち行かなくなる。そのため、大人は常に子どもの気持ちに寄り添い、全員が居場所を感じられるように努めるのだという。

先生は子どもにはできるだけ「ダメ」と言わず、叱らないように心掛けているという。叱っても子どもはただ否定された気持ちになるだけだからである。例えば、「そこに穴を掘ったらダメ」と禁止する代わりに「穴を掘りたいんだね。じゃあ、掘ってもいい場所に連れて行ってあげる」というように、子どもの気持ちに寄り添いながら代替案を提案するという。叱らずに導くことで、子どもは安心しながら、して良いことといけないことを学んでいく。

自分で挑戦し、自分で学ぶ

子どもが挑戦したいと思ったことは、なんでも挑戦させる。挑戦を続ければ、小さな「できた」が積み重なって自信になっていくからだ。木に登りたい子がいれば登らせる。登ることで自分が登れる高さや、今の限界を知ることができる。次第に少しずつ高いところまで登れるようになり、自分の限界を超えていく。それが自信につながっていくのだという。

こうした理念の背景には、子どもは自分で学ぶという信念がある。子どもはさまざまな試行錯誤を繰り返す中で、自分に何ができるのか、何ができないのか、どうすればできるようになるのかを学び、自分の進むべき方向を見つけていく。

「森の幼稚園」のカミラ先生（左）と保育園のウッラスティーナ先生（右）（撮影：針貝有佳）

「森の幼稚園」の効果は？

「森の幼稚園」は、1950年代初頭に子連れで森を散歩していた母親が、近所の子どもも一緒に連れて散歩するようになったのが起源といわれる。現在、首都コペンハーゲンでは「森の幼稚園」が幼稚園全体のおよそ15%を占め、園選びの一般的な選択肢となっている。また、世界にも広がりを見せ、日本でもデンマークの考え方を受け継いだ「森の幼稚園」が設立されている。

デンマークでは、子どもの教育に関心の高い家庭が「森の幼稚園」を選ぶ傾向がある。それは、一般的に「森の幼稚園」に通うと運動能力や健康面で良いことがあると言われるからだろう。しかし、コペンハーゲン大学附属病院の研究所によると、実際にそうであるかはあまり検証されていない。

「森の幼稚園」では真冬も外で過ごす。スープなど簡単な料理をすることもある（撮影：針貝有佳）

同研究所は、統計データを用いた大規模な調査に着手し、「森の幼稚園」に通った場合と通常の幼稚園に通った場合で、運動と認知能力、肥満率、視力、睡眠、社交性などに差が出るかを検討するという。この研究では、家庭の経済的背景の違いにも注目するようだ。

「森の幼稚園」が広がるデンマークで、その「効果」について、どのような結果が出るかは興味深い。一方で、子どもがリラックスできる場を重視していることや、叱らないで導くこと、そして子どもは挑戦しながら自分で学ぶという信念は、デンマークの保育園・幼稚園、そして学校教育にも通底する考え方のように思う。デンマークの「森の幼稚園」は、子どもたちの安心と挑戦を保障する大人の存在と、自然の中での遊びが両輪となっている実践だと言えよう。

（針貝有佳）

・Københavns Kommune (n.d.) *Se børnehaver*. https://www.kk.dk/borger/pasning-og-skole/pasning-0-6-aar/skriv-op-til-boernehave/se-boernehaver.

・Bispebjerg Hospital (2019-06-11) *Skovbørnehave - et sundere valg?* https://www.bispebjerghospital.dk/presse-og-nyt/nyheder/nyhedsarkiv/nyheder/Sider/Skovboernehave-et-sundere-valg.aspx.

2 学びの土台をつくるデンマークの「0年生」

北欧には、幼小接続をスムーズにするさまざまな工夫が見られる。スウェーデンの就学前クラス（förskoleklass）と同様に、デンマークには幼稚園クラス（børnehaveklasse）と呼ばれる、いわゆる「0年生」があり、学校教育への導入として重要な役割を果たしている。

楽しく学べる環境づくり

0年生では、幼稚園を卒園したばかりの子どもたちがスムーズに学校生活を送れるように総合的な準備をする。目的は、学校生活に慣れ、言語、数学的視点、自然現象、創造的・音楽的表現、身体と動き、参加と共同性の6つの要素をバランスよく伸ばし、学習の土台づくりをすることである。

わが家の子どもは現地の公立小学校に通っている。0年生の個人面談で驚いたのは、ほとんど勉強の話が出なかったことだ。担任の先生たちとの面談はリラックスした雰囲気で行われ、「学校に楽しく通っているか」「クラスの中でどんな様子か」「誰と仲が良いか」といったことが主な話題だった。

デンマークには「楽しい環境でこそ学べる」という考え方が浸透している。友達と良好な関係を築き、学校が楽しいという土台があってこそ、学ぶ意欲が湧き、学力が伸びるという考え方だ。そのため、特に長い学校生活への導入となる0年生では、勉強より子どもの様子や交友関係を重視しているようだ。

0年生の初登校日。保護者向けのお知らせなどを入れるファイルには「ボクを見て」と大きな字で書いてある（撮影：針貝有佳）

仲良しの友達ができればそれで良いというわけではなく、クラスの同級生全員との交流を大切にしている。先生は、子どもに「誰と仲が良いか」「あまり話さないけれど仲良くなりたい子は誰か」などアンケートをとり、その回答をもとに席替えをしたり、小グループを結成したりする。あまり一緒に遊ばない子ども同士をあえて同じグループにすることもある。

デンマークの義務教育は10年間で、多少の例外はあるが基本的にはクラス替えをしないので、0年生で良いスタートを切ることは長い学校生活を左右する重要な鍵となる。

机に向かうのは最長20分

勉強に関しては、子どもに無理をさせず、好奇心を刺激

筆者宅で開催した０年生の誕生日会。誕生日会は学校で開催することもあれば、クラスメートを家に招待することもある（撮影：針貝有佳）

する。面談で先生が「０年生は、集中して机に向かえるのはせいぜい20分。連続して20分以上机に向かわせることはない」と言っていたのが印象的だった。子どもが飽きないように授業時間を細かく区切り、小グループで活動をしたり、ｉＰａｄを使って数や文字のアプリで遊んだりするなど、好奇心をもって学習できるように工夫されている。

また、遠足にもよく出かける。身体を動かすという目的もあるが、実際に五感で感じたことは印象に残り、結果として効率的な学びにつながると考えられているからだ。遠足では、港を散歩してカニの数を数えたり、森を散歩して拾った枝の数を数えたりもしているようだ。子どもたちはこういった体験を通して、勉強は勉強として独立したものではなく、日常生活や現実世界に結びついた実践的な道具なのだということを体感する。

そのほか、季節ごとの行事はもちろん、誕生日をクラスでお祝いしたり、登校１００日目を記念日としてお祝いしたりするなど、楽しいことを積極的に取り入れている。また、時間割には1つの教科のように「遊ぶ時間」もしっかり確保されている。おかげで、わが家の子どもたちは頑張って勉強しているという感覚もなく、毎日楽しく学校に通っている。

子どもにとって最良の選択を

0年生は1962年に初めてデンマークに導入され、1980年に全国に設置された。導入当時、参加は任意だったが、次第にほとんどの家庭が0年生への入学を希望するようになり、2009年には義務教育の一環となった。しかし、その対応は画一的ではなくフレキシブルである。

長期的な学校生活を見据え、総合的にまだ準備ができていないと判断された場合、担任が保護者と話し合って0年生をリピートさせることもある。年齢に応じた横並びの措置ではなく、長期的な視点に立って、子ども自身にとって最良だと思われる判断をする。そのため、同じクラスに年齢の異なる生徒がいるのは当たり前の光景となっている。

コロナ禍ではオンライン授業が続き、学校生活に慣れてきたばかりの0年生の在宅学習が長期化することに関しては懸念の声が大きかった。また、低学年のオンライン授業は親のサポートなしには成り立たないところもあり、在宅ワークをする親にとって大きな負担となっていた。そのため、デンマーク政府は0年生を含む低学年の登校再開を早めた。

0年生にとって登校できることの意味は大きい。親としてはこの決定に安堵するとともに、今後とも継続して登校できることを願っている。

（針貝有佳）

- Børne- og Undervisningsministeriet (2023-01-23) *Børnehaveklassen*. https://www.uvm.dk/folkeskolen/fag-timetal-og-overgange/skolestart-og-boernehaveklassen/boernehaveklassen.
- Danmarks Evalueringsinstitut (2002) *Børnehaveklassen - pædadodisk tænkning og praksis*. https://www.eva.dk/sites/eva/files/2017-11/Brnehaveklassen.pdf.
- Aisinger, P. (2008-01-09) Børnehaveklassen bliver obligatorisk fra 2009. *Folkeskolen*. https://www.folkeskolen.dk/bornehaveklassen-bliver-obligatorisk-fra-2009/654269.

3 学校向けに多数のサービス　ノーベル博物館

ノーベル賞の地元スウェーデンでは、誰が受賞しても12月上旬のノーベル週間はお祭りムードだ。12月10日には、ストックホルムで授賞式と晩さん会がきらびやかに行われる。それは決して科学者や大人だけのイベントでなく、小さな子どもにも楽しみがある。

幼児にとってのノーベル賞

授賞式の12月10日、ある就学前クラスの教室では、正面の壁にノーベル賞のポスターが3枚貼られ、金メダルの写真が掲げられていた。

生理学・医学賞、物理学賞、化学賞の受賞者の研究と功績を紹介するポスターだ。「輝かしいツール」「彼らは進化の力を会得した」といった目を引くキャッチコピーとともに、受賞者や受賞理由が紹介されていた。受賞者の写真と、大きめのイラストや図が掲げられ、親しみのもてるポスターだった。

とはいえ、「5、6歳の子どもに、この難しい研究内容を説明したのだろうか?」と驚きながら壁を見ていると、その上には金メダルの写真が貼られた手づくりのポスターがあった。

どうやらメインはこちらだったようだ。

「クラスメートと仲良くして、興味や喜びを分かち合い、お互いの違いを尊重し合っている就学前クラスの皆さんに、私たちの小学校のノーベル平和賞を送ります」という内容の文章が書かれていた。子どもたちは、クラスメートとともに平和を喜びながら、ノーベル賞の話を聞いたのだろう。

就学前クラスで見たポスター（撮影：本所恵）

受賞者発表直後に授業案

ノーベル賞について、学校で子どもたちに話すのはごく自然なことだ。人気の観光スポットにもなっているストックホルム旧市街のノーベル博物館は、学校向けの取り組みに力を入れている。

その一つが授業教材の提供だ。動画、説明用スライド、配布用資料、発問や時間配分の例が載っている簡単な教師用ガイドがあり、誰でも気軽に利用できる。13歳の子どもを念頭において組み立てられた授業が紹介されているが、資料はさまざまな年齢層に使用可能である。

授業の導入では、ノーベル賞や、生みの親であるアルフレッド・ノーベルについて知る活動を行い、その後、各ノーベル賞の受賞者や受賞理由の紹介があり、関連する問いについて議論する。毎年、受賞者発表の24時間後には、その功績をテーマにする授業案が公開されるため、教師はすぐに授業で取り上げることができる。

ノーベル博物館（撮影：中田麗子）

また、博物館には、学校向けの有料プログラムも用意されている。プリスクール（幼保一元化された施設）の子どもから高校生までを対象に、特別学校向けのものも含めて、多様なプログラムがある。テーマも多様で、ノーベル賞について知るプログラムや、物理や生物などの専門的なプログラム、創造性や研究の喜びを知るプログラム、ＳＤＧｓを取り上げたものもある。最近は、訪問できない生徒のためにオンラインのプログラムも実施されている。
これらの多くは、教科横断的で、実生活と関連していて、子どもたちが興味深く活動し発見する機会を提供する。日本で近年話題のＳＴＥＡＭ教育にもつながるものだ。

「人類の最大の利益」と教育

その他にも、ノーベル博物館では、生徒の研究プロジェクトの支援や、教員研修、教師向けのイベントなど、学校向けにさまざまなサービスを提供している。

なぜこんなにも学校向けのプログラムがあるのだろうか。「優れた教師がいなければ、新しいノーベル賞受賞者はいません」とウェブサイトには記されている。だから教師と生徒たちは重要なのだ、と。教師と子どもに働き掛けることによって、科学的探究への関心を高め、裾野を広げ、創造性や好奇心を呼び起こすことを目指しているのだ。

ノーベル賞は、一部の優れた人のためにあるのではなく、「人類の最大の利益」のためにある。そのビジョンが、学校向けの取り組みに表れている。教育は、偉業と子どもをつなぐ架け橋なのである。

晩さん会会場のストックホルム市庁舎。受賞者はこの大階段から降りてくる（撮影：林寛平）

（本所恵）

・Nobel Prize Outreach AB (n.d.) Educational resources. *The Nobel Prize*. https://www.nobelprize.org/educational/.

4 お誕生会は一大事！

ノルウェーでは子どものお誕生会は一大イベントだ。コロナ禍の当初、ノルウェーの首相が子ども向けの記者会見を開いたが、子どもたちの関心事の一つは「誕生会はやっていいのか？」だった。また、ノルウェー公衆衛生機構（Folkehelseinstituttet）による感染予防ガイドラインにも「誕生会」がトピックに取り上げられた。そのくらい、子どもや家族にとって重大なイベントだ。

風船、ピザ、プレゼント

風船が飾られ、ピザやソーセージ、炭酸飲料が並び、自家製のケーキがふるまわれる——これがノルウェーの誕生会だ。招待客はクラスの全員、あるいは女子全員か男子全員である。

みんな約50～150クローネ（約540～1600円）相当のプレゼントを持ってくる。場合によっては、クラスの子を招いたパーティーだけでなく、幼稚園時代の友達とのパーティー、親戚とのパーティーなど、何度も行う家庭もあるという。

筆者も子どもの誕生会に参加する機会が幾度となくあったが、どれもにぎやかでカラフルなパーティーだった。お誕生日の子どもの家で行われることもあれば、広い公園で開かれることもあった。ノルウェーの住宅は総じて大きいため、大勢の子どもを招いても支障がないことが多い。コロナ禍では、誕生会はできるだけ屋外で行うことが推奨された。

ティーンエージャーになると誕生会の様子も変化する。女子は大人抜きで「食事会」を開いたり、男子は映画館に繰り出したりするようになる。

準備万端！ 農家の納屋が会場のお誕生会（撮影：ハンナ・ハフスタ氏）

海賊船の形のお誕生会ケーキ（撮影：シャニーン・ブレンナ氏）

家庭と文化の間で板挟み

誕生会は、子どもたち自身にとっては権利であるが、保護者にとってはほとんど義務であるという。それゆえ、学校の保護者会や親同士の世間話の中でも、関心の高いトピックだ。

多くの子どもたちが、誕生会を心待ちにしている一方、誕生会が悩みのタネである家族もいる。移民の背景をもった家庭だ。

誕生会文化の研究者によると、例えばムスリムの家庭は比較的、子どもの誕生会を重視していない。よく知らない家庭で行われる誕生会に子どもを送り込むことへの抵抗や、宗教的に食べられないものが出されるのではないかという不安から、招待されても参加しづらい場合がある。

車がのっている手作りお誕生会ケーキ（撮影：ハンナ・ハフスタ氏）

お楽しみのプレゼント開封（撮影：シャニーン・ブレンナ氏）

クラス全員を招待して、全員が参加するという暗黙のルールが問題を表面化させる。移民の背景をもつ子どもは、しばしば家庭とノルウェー文化の間で板挟みになってしまう。ある女の子は、クラスの子の誕生会に7年間招待され続けて、一度だけ参加を許されたという。ただし、姉が一緒に行くことが条件だった。

文化の融合の場

しかし、誕生会を文化の融合の場として肯定的に捉える意見もある。鶏肉のソーセージやベジタリアンピザを用意するなど、多様な背景をもつ子どもに配慮するケースも見られる。また、移民家庭では、「通常の」パーティー食に加えてエスニック料理を出したりする。お互いの文化を理解し、自分の文化を見つめ直し、共生の道を探る機会にできるかもしれない。長年変わらず続けられていた典型的なお誕生会は、異文化との出合いによって徐々に形を変えていくかもしれない。誕生日は年に一度の大切な日。保護者たちは悩みながらも、子どもたちに楽しくて喜びにあふれた思い出を作ってもらおうと工夫を凝らしている。

（中田麗子）

・Løvhaug, J. W. (2012-02-01) Bursdagen: prisme for kulturmøter. *Forskningsmagasinet Apollon*. https://www.apollon.uio.no/artikler/2003/bursdagen.html.
・Bugge, S. & Brænde, E. G. (2009-09-21) Dropper barne-bursdagsfester. *VG*. https://www.vg.no/nyheter/innenriks/i/8rwvr/dropper-barne-bursdagsfester.

5 放課後活動は楽団からピカチュウまで

北欧の子どもたちは放課後をどのように過ごすのか。日本のクラブ活動や部活動に相当するものはあるのだろうか。ノルウェーの「文化部的活動」を紹介する。

地域に根差した学校吹奏楽団

ノルウェーの建国記念日（5月17日）は晴れやかなお祭りだ。街ではパレードが行われ、民族衣装を着た人々が国旗を振る。イベントに華やかさを添えるのが、地元の学校吹奏楽団による演奏だ。ユニフォームを着た子どもたちが楽器を吹き、バトンを回して街中を練り歩く。

学校吹奏楽団（skolekorps）といっても学校の中にある組織ではなく、地域の団体だ。運営は保護者がボランティアで行い、演奏の指導者や指揮者を招いたり、楽団旅行を企画したりする。メンバーは年会費を払うが、指導者への謝礼、楽器代や旅費は、バザーなどを企画してファンドレイジングでも稼ぐ。

学校吹奏楽団に親子で代々参加してきたムーナ・エクロさんは「楽器はうまくなかったけれど、休み時間に友達とおしゃべりしたことや、外国に楽団旅行に行ったのが楽しかった」と当時を振り返る。楽団には幅広い年齢の子どもが入り交じり、旅行では高学年の子たちが子守歌を演奏し、低学年の子たちを寝かしつけていたという。自分の子どもが楽団に参加するようになると、今度は保護者として運営に参加した。

旅行先の街中で演奏する楽団（提供：ヴク学校吹奏楽団）

50周年の記念旅行はパリへ（提供：ヴク学校吹奏楽団）

インクルージョンの場として

ノルウェーの学校吹奏楽団は長い歴史を持つ。最初の学校吹奏楽団は1901年にオスロで創設され、近年では全国に1000近くの楽団がある。これは全国の基礎学校（日本の小中学校に相当）のうち、およそ3分の1の学区に楽団がある計算になる。

ムーナさんの幼少期（1980年代）には地域の大半の子どもが楽団に入っていたというが、最近では変化も見られる。スポーツ団などの競合が増え、楽団はあまり人気でなくなった、と感じているそうだ。また、都市部では学校吹奏楽団の慣習を知らない移民の家庭も増えた。

それでも、学校吹奏楽団は、地域のすべての子どもを受け入れるインクルーシブな場として重要な存在だ。ヴク学校吹奏楽団のゲアド・サーゲン団長は、子どもや若者が安心できる社会的な場としての意義を感じている。演奏には補欠なく全員が参加でき、達成感が得られる。

また、ノルウェー楽団連盟（Norges Musikkorps Forbund）は近年、移民家庭も含めたさまざまな背景の人々を積極的に巻き込む活動を重視している。

日本発ゲームがノルウェーにも

積極的に新しい活動に関わる保護者もいる。トーマス・ストロムダールさんは10年ほど前から、息子と一緒に地域の「ポケモン・リーグ」に参加している。このグループには6歳から大人まで幅広い年齢のメンバーがいて、週2回ほど集まって「ポケモン・カード」で戦う。2人用の対戦型トレーディングカードゲームだ。

「ポケモン・リーグ」の活動の様子（提供：トーマス・ストロムダール氏）

カフェに集まって対戦することもある（提供：トーマス・ストロムダール氏）

リーダーを務めるトーマスさんは「社交的な場であると同時に、競争という要素もある」とグループの良さを語る。集まりには、おしゃべりやゲームを楽しみに来るメンバーもいれば、世界大会を目指して特訓にくるメンバーもいるという。息子のトビアスくんは、10歳のときに全国大会ジュニア部門で優勝、翌年には世界大会で優勝した。

「ポケモン・カード」のルールは複雑だ。トーマスさんは、このゲームには学びの要素もたくさんあると解説する。カードにはノルウェー語版がないため、子どもたちも英語版を使う必要がある。そのため、英語が分からない子にカードの意味を聞かれたときは、「まずカードに書いてある英文の中の単語を読んでもらい、その意味を教えるんだ。そのカードに何ができるかを説明するのは、その後だ」という。

ノルウェーの子どもや若者は放課後、学校の外でそれぞれ活動する。学校吹奏楽団とポケモン・リーグ以外にも、演劇、ダンスなどの文化活動や、各種スポーツ、スカウト活動もある。子どもたちは、学校種を超えた幅広い年齢層の子どもや若者に出会い、教師とは違う大人に出会う。ボランティアで運営を担う大人を間近に見て、自らも徐々に手伝う側にまわる。

時代とともに活動内容は変化するが、これからも子どもたちの成長の場として重要であり続けるだろう。

（中田麗子）

・Norges Musikkorps Forbund (n.d.) *En inkluderende korpsbevegelse*. https://musikkorps.no/inkludering/bakgrunn/.

6

コミュニケーションを生み出すデジタル端末

スウェーデンでは、ほとんどの人がスマートフォンを持っているものの、デジタルツールの所有や利用に関しては、いまだに世代、性別、社会経済的背景による格差がある。こうした格差をなくし、すべての人が平等にデジタル化の恩恵を受けられる社会に向けて、学校のデジタル化が改めて強調されている。

日本でも、GIGAスクール構想で小中学校に1人1台端末が整備され、その活用や成果に関心が向けられている。AIドリルのような知識・技能を身につける教材は部分的にも取り入れやすいが、個別学習になりやすく、クラスメートと協働しながら思考・判断・表現力を育てたり、学習のモチベーションを維持したりするのは難しい。

すでに10年以上前から教室で日常的にデジタル端末が使われているスウェーデンの教室でも、同様の課題を乗り越えてきた。そして現在、協働学習においてデジタル機器が活用されている。

デジタル機器を活用したライティング

スウェーデンの学校でのコンピュータ利用は、1980年代に北欧で教育用コンピュータが開発・販売され、高校で利用され始めたことにさかのぼる。1990年代には小中学校でもコンピュータ活用が本格化し、2000年代に入ってWi－Fi環境が整ってからは持ち運びができるタブレット型端末の使用も広がり、多くの自治体で1人1台端末の整備が進められた。

こうした発展の中で、学習におけるデジタル活用の方法についても多くの提案が行われ、検証が重ねられてきた。「学習のためのライティング（STL：Skriva sig till lärande）」はその一つだ。

この学習法の特徴は、子どもたちがペアになってお互いの文章を相互評価したり、協力して改訂したりする点にある。子どもはパソコンやタブレットで文章を書き、その文章はグーグルドライブなどを用いて常にペアの相手や教師とシェアされ、ライティングの過程で何度もフィードバックを得る。

こうした活動自体は、日本でも見られるだろう。ただしSTLは、その前後も含めて一連の学習活動がモデル化され、組織的に取り組まれている点が特徴的で、スウェーデンの学校現場に広く浸透している。

STLでは、共同作業に入る前の準備も重要である。

まず、教師はライティングの目的を子どもに説明する。ナショナル・カリキュラムにもとづいて目標を立て、評価基準を明確にする。これらを子どもたちにも提示し、活動中にも見直せるようにする。

次に、子どもたちが関心を持てるような導入を行う。関連するビデオクリップを授業前に見るように指示しておくこともできる。

そして、作成する文章の種類や書き方の技法などを、具体例を示しながら教える。こうした準備をした上で、子どもたちが自分で文章を書きはじめ、ペアの相手と協力しながら完成を目指すのである。有益なフィードバックを行うスキルも必要だ。子どもたちは活動の中でこうしたスキルを学び、実際に使ってみる。自分自身がフィードバックを受ける経験もする。こうして、お互いの作品をより良くするフィードバックのスキルを身につけていく。STLでは、デジタル機器を利用することで形成的評価やフィードバックが容易になり、教師にも子どもにも楽しく取り組みやすい。

なお、最終的なライティングの評価は教師が行う。全工程においてデジタル機器を利用することで、子どもたちのすべての作品や相互評価の過程がデジタル上に記録され、最終評価に利用できる。

ソーレンチューナ市では、2011年からSTLの利用を推進しており、その成果を測る研究も行われた。STLを3年間実施したグループは、しなかったグループよりも国語と算数の全国学力テストの成績が良かった。

なお、比較対象のグループには、デジタル機器は使ったがSTLを実施しなかったグループと、デジタル機器も使わずSTLも実施しなかったグループがあったが、後者の方が前者よりもテスト成績が良かった。つまり、デジタル機器の使用が成績を上げたのではなく、STLを行うことによる学習効果が高かったということであり、デジタル機器はそれ自体が学習を促進するのではなく、使い方が重要であることを示す研究結果だった。

コミュニケーションを生み出すタブレット

このように、個人でそれぞれに端末を用いながら、コミュニケーションを取って協働して学習を進める方法が開発されている。

それでもなお、デジタルツールは個人作業を増やすという懸念の声も聞く。小さいごろからデジタルデバイスに触れる環境では不安もなおさらだ。そんな懸念を解消するタブレットを、スウェーデンの学校で見つけた。

タブレットが埋め込まれた机（左）（撮影：本所恵）

ある日訪問したプリスクールで、数人の子どもたちが机を囲んで、楽しそうに声を掛け合いながらゲームをしていた。アーケードゲームのようにも見えるが、ゲームは足し算だったり、文字遊びだったり、教育的な配慮があるものだった。よく見ると、緑色の温かみがある曲線のデザインの机に、大きなタブレットが埋め込まれていた。これはアプリをダウンロードできる普通のタブレット端末だという。

子どもたちから希望があれば先生が電源を入れて、長時間にならないように気を配りながら遊ぶことができる。子どもたちは、友達と一緒に、交代しながら遊ぶように約束しているそうだ。

子どもにちょうど良いサイズ感で、コミュニケーションが生まれる安心感があった。同じ机は別の学校でも目にした。

コミュニケーションや協働での学習が重視される中、デジタル機器の活用方法を工夫すると同時に、デジタルデバイス自体を工夫し、変えていくことができるのだ。

（本所恵）

・Pålsson, S. (2019-10-18) Skriva sig till lärande – en pedagogisk modell utan åldersgräns. *Spaningen*. https://www.spaningen.se/skriva-sig-till-larande-en-pedagogisk-modell-utan-aldersgrans/.

7 成績表が存在しないデンマークの多様なテスト

デンマークでは、国民学校（folkeskolen）の9年生（日本の中学3年生に相当）まで成績表が存在しない。歴史的に、筆記試験やその点数、順位などは重視されてこなかった。一方、子どもの学習に生かすためのテストや、知識を応用したり、対話を通して問題解決を行わせたりするような口頭試験が行われている。

対話形式の口頭試験

9年生の英語の口頭試験では、生徒に2つの課題が与えられる。生徒がトピックを選択し、それについてプレゼンテーションを行う課題と、指定されたトピックについて会話とインタビューを行う課題である。

プレゼンテーション課題を受ける生徒は具体的なトピックを一つ選び、事前に参考資料を集める。

例えば、「米国における生活」というトピックには「Black Lives Matter《ブラック・ライブズ・マター》」や、アノニマス（インターネット上の活動家集団）、アメリカンドリーム、死刑、10代の妊娠などが含まれる。

生徒は教員の指導を受けながらプレゼンテーションの準備を行い、口頭試験前日までに発表要旨を提出する。当日は試験官2人（生徒を教えている教員と、生徒が通う学校以外の教員）の前で5分以内のプレゼンテーションを行う。その後、試験官から質疑と評価コメントを受ける。生徒1人当たり20分以内で終了する。プレゼンテーションの内容に関する質問は、生徒を教えている教員から行われ、外部の教員は論理を明確にするための質問のみをする。

会話とインタビューの課題では、生徒がカードを1枚選び、そのカードに書かれている質問やイラスト、写真に沿って2人の試験官と8分間以内で議論する。このとき、議論は生徒が主導する。

以上のように、英語の口頭試験では、第二言語である英語を用いて自分の考えを表明する力や、ディスカッションの力が測られる。

テスト結果は子どもの学習に還元

デンマークでは、数学や理科など、語学以外の科目でも口頭試験が実施されている。その背景には、今日のデンマーク社会に今なお影響を及ぼす、グルントヴィ（1783－1872年）の思想がある。

詩人、牧師、政治家であったグルントヴィは、他人の言葉をただ繰り返して答えるような筆記試験には価値を見いださなかった。彼は、教員と子ども、また子ども同士の対話によって起きる相互作用や学びを重視していた。

もちろん、学校では教員が子どもたちの理解度を見るために、授業の中で小テストなどを行っている。しかし、義務教育修了試験では、身につけた基礎的な知識を紙の上で再現する力だけではなく、その知識を応用・活用する力や、他者との対話を通して困難な問題の解決に取り組む力を総合的に測ろうとしている。

私たちがイメージするような筆記試験だけでなく、パソコンや関数電卓を持ち込んで受けるテストや、上述のような口頭試験が実施されているのは、そのためである。

このようなテストの結果はランキング化されることはなく、試験日の翌日には教員がウェブ上で確認できる。口頭試験については、教科担当の教員と外部の教員によって観点別に評価され、その場で子ども一人ひとりに詳細な結果が伝えられる。

教員は、テストの結果を踏まえた授業改善をすぐに行うことが期待されている。テストで測りたいことが教員間で共有され、測りたいことに適した評価方法が複数採用され、その結果が子どもたちの学びに還元されるサイクルが形成されていると言える。

教員養成課程でも

対話を通じた相互作用を重視する姿勢は、大学の教員養成課程においても同様だ。教員養成系大学における学生の評価方法を教えてもらったところ、授業中の発言をはじめとした参加度や、学生同士で協働することに重きが置かれていた。

また、レポートや筆記試験、口頭試験で学生一人ひとりを多角的に評価している。口頭試験では

大学生もグループワークの課題に取り組む（撮影：市川桂）

2～3人で行うグループワークを課して、授業担当教員と外部の教員（多くの場合、高校教員）によって観点別の評価が実施されている。初等教育から高等教育に至るまで、評価の在り方が一貫していることが分かる。

このように、デンマークでは口頭試験を含む多様なテストを実施することで、一人ひとりの力を多角的に把握し、次の学習に生かすために評価しようとしている。対話や相互作用を通じて発揮される力まで試験で捉えようとしている、興味深い事例だ。

（市川桂）

・ヴィゴツキー、L．S．（2003）『「発達の最近接領域」の理論――教授・学習過程における子どもの発達』土井捷三・神谷栄司訳、三学出版
・ベルンセン、M．（2022）『生のための授業――自信に満ちた子どもを育てるデンマーク最高の教師たち』清水満訳、新評論

8 フィンランドの中退予防策 JOPOクラス

JOPO（ヨポ）クラスとは、フィンランド語で「柔軟な基礎教育」を意味する「ヨウスタヴァ・ペルスオペトゥス（Joustava Perusopetus）」の略称だ。学校に居場所を感じられず、いわば「不登校」の状態、もしくはそうなる可能性がある生徒を支援する学びの場で、主に9年生（日本の中学3年生に相当）を対象として全国に設置されている。

実生活や職場体験を学びと結び付ける

オウル市では8、9年生を対象に、市内の10校でJOPOクラスが設置されている。1クラス最大10人程度のため、希望者が全員入れるわけではない。本人の希望や保護者、教員の判断で、必要度合いの高い人が選ばれる。

担当教員は特別支援教員の資格を持っており、ユースワーカー、ソーシャルワーカーなど必要な関

（左）「JOPO」と書かれている教室の扉。左上のVapaaは「自由」という意味。
（右）JOPOクラスの教室内（いずれも撮影：田中潤子）

連職と協働する。しかし、ＪＯＰＯクラスは特別支援学校や特別支援学級とは異なる。ここに来る生徒は、具体的な「障害」に合わせた対応が必要というよりも、複雑な理由によって学校の中に居場所を感じられず、学びへのモチベーションが下がり、学校へ行かなくなってきている状態にあることが多い。

ＪＯＰＯクラスに来る生徒は、最初に学ぶモチベーションや自信を取り戻す必要がある。教員は生徒一人ひとりの状況を見ながら、多様な活動を学校内外で行う。活動はナショナル・カリキュラムに沿って、身の回りの社会現象から学ぶようにデザインされていて、問いやグループでの協働、プロジェクトなどをベースにしている。その際、10人程度の少人数グループで安心安全な信頼関係を築くことを重視している。

実社会における職場体験に多くの時間を割くことで、働きながら学びへの意欲を高め、学びながら働くことを繰り返す。フィールドトリップやキャンプなど教室外での協働活動を通して、グループへの帰属意識を高め、幅広く学ぶ機会を得る。教員は、さまざまな専門職だけでなく、保護者とも密接に協働することで、生徒が基礎教育課程（日本の小中学校に相当する課程）を安心して修了できるようにサポートする。

90％が学習への取り組みを改善

ＪＯＰＯクラスに通うことで90％の生徒は出席率、学習への取り組み状況を改善させ、基礎教育を修了することができているという報告もある。

例えば、ある少年は７年生（日本の中学１年生に相当）に進級すると、学校に行く気力がなくなった。成績が下がり、欠席も増えた。その後、ＪＯＰＯクラスへ進んだ。教員の丁寧な関わりがあったことと、かねて興味のあった配管工の職場体験をすることで学習意欲を回復させ、職業専門学校への進学を目指し、中学校を卒業した。

また、窃盗を繰り返す子がＪＯＰＯクラスに入り、学校を中退することなく卒業できたという事例もある。その後も学び続け、現在、車のセールスの仕事をしている。

筆者の知人も通っていたが、彼は小学校では特別支援

校内の壁には高校や職業専門学校の学校案内が掲示されている（撮影：田中潤子）

JOPOクラスが設置されている学校の外観。冬季だと午後3時ごろでも暗い（撮影：田中潤子）

の先生のもとで少人数グループで学び、その後７年生になるタイミングからＪＯＰＯクラスに進み、彼自身に合ったペースで10年生（補習学年）まで進級し卒業した。職業専門学校へ進学したそうだ。彼を担当したＪＯＰＯクラスの先生は「彼らは、少しの環境の変化と、ケアしてくれる信頼できる大人が必要だっただけだ」と話す。

　以前よりＥＵ諸国では早期離学を減らすべく、さまざまな取り組みがなされている。ＥＵのレポートでは２００６年に始まったＪＯＰＯクラスも取り上げられている。フィンランドでは２０２１年秋より高校および職業専門学校が義務教育になった。今後、高校でもこのような取り組みが広がるかもしれない。

　日本でも不登校の生徒向けの学校の設立、フリースクールの増加など、柔軟性を持った学びの場が増えている。教室外での実生活に寄せ、職場体験を重視した学びは、進学、その先の就職へと将来的な生徒の「自立」において重要な役割を担っている。

（田中潤子）

・School Education Gateway (n.d.) JOPO - *Flexible Basic Education*. https://www.schooleducationgateway.eu/en/pub/

resources/toolkitsforschools/detail.cfm?n=417.

・Satu Herrala (2019-04-15) Flexible basic education - the Finnish way of regaining the lost school motivation. *Learning Scoop*. https://learningscoop.fi/flexible-basic-education-the-finnish-way-of-regaining-the-lost-school-motivation/.

・Janet English (n.d.) *15. Every Child Has "Special Needs."* http://www.globaleducationproject.org/jopo-in-a-middle-school-classroom/.

・The Municipality of Sipoo (2021-08-19) Flexible Basic Education (JOPO). *Suomi.fi*. https://www.suomi.fi/services/flexible-basic-education-jopo-the-municipality-of-sipoo/cbdc4dcc-41d3-4074-8819-09094be94176.

9 ノルウェーの高校にある10の職業科コース

ノルウェーの高校には、大学進学のための進学科が５コース、就職のための専門的な知識や技術を学べる職業科が10コース設置されている。ノルウェーの子どもの98％が義務教育修了後に高校に進学するが、自分の興味や適性、将来就きたい職業などによって上記の15コースから進路を選択する。そのうち約半数の生徒たちが職業科を選択している。

職業科の「2＋2モデル」

職業科では、いわゆる「２＋２モデル」が導入されている。学校で２年間の教育を受け、その後２年間を企業または公的機関で職業実習生として訓練を受けるというものだ。修了時には、当該分野の職業試験を受け、高校卒業資格を得る。

職業科から進学科に変更したい場合は「補充学習」を受け、途中からコースを変更することもできる。加えて、職業資格を取得した後に「補充学習」を受け、高等教育への進学を目指す学生も少なくない。

具体的な人生設計を描く若者たち

２０２１年１月からトロムソ大学に着任した筆者は、イースター休暇を初めて経験した。約１週間、学校も会社も休みとなる。ノルウェーに来て一人寂しく連休を過ごすのはかわいそうだと、友人が自宅に招いてくれ、その親戚家族や友人たちとイースターを過ごすことになった。

イースターにはスキーを楽しむ家族が多い。たき火を囲んでホッと一息（撮影：長谷川紀子）

そこには、10代後半から20代前半の６人の若者がいた。若者たちの話を聞いていると、将来の考え方や人生設計が実に具体的ではっきりとしていることに驚いた。20歳前後にもかかわらず、社会や政治の仕組みを理解し、社会の一員として自身の立場を自覚している。それぞれに個性があり大人なのだ。

彼／彼女らは全員高校の職業科を卒業、もしくは在学中だった。進路はそれぞれが変化に富みユニークであった。ここでは、２人の若者の例を紹介したい。

やりたいことを見つけるために兵役へ

25歳のケビンは、職業科の「情報技術・メディア制作」コースを選択した。彼は高校卒業後すぐには就職せず、軍に入隊した。兵役後、彼は「補充学習」を受け大学に進学することを決めた。現在、トロンハイム大学でコンピュータ解析技術を学んでいる。

1年間の兵役を希望したのは、自分が将来、何をしたいのかを見極めるためだったという。大学院へ進み、さらに専門分野で学問を極めたいと話す。

大学院を目指しているケビン（右手前）（撮影：長谷川紀子）

専門資格をとったセバスチャン（撮影：長谷川紀子）

学歴よりも専門資格

一方、22歳のセバスチャンは、職業科の「電気・コンピュータ技術」コースを選択した。2年間の職業実習を経て、最終試験で職人資格を取得した。そして、その専門技術を生かせる企業で働き、満足できる収入を得ている。「高学歴になっても実際には就職先がない。それよりも専門的な技術と資格を身につけて、早いうちに就職した方が良い」と力強く語る。

ノルウェー政府はこの10年、職業専門プログラムの改定や、卒業後の就職につながるようなシステムの改善など、職業科の向上に力を入れているそうだ。

若者の未来を切り開く職業科コース

もちろん職業科を選択した生徒全員が、この若者たちのように順風満帆にいっているわけではない。学力低下やドロップアウトが問題となり、若者の職人離れも課題となっている。

しかし、どこの学校を卒業したかではなく、どのコースで何を学んだかがキャリアにおいて重要となるノルウェーにおいて、10の職業科コースは、学校と実社会が結び付いた環境の中で専門知識を学び、経験を積む環境を提供しているとも言える。

筆者が出会った若者たちは、具体的な人生設計や選択を自分自身で考え、切り開いていくたくましさを身につけていた。

（長谷川紀子）

- Utdanningsdirektoratet (2020-06-25) *The Norwegian education Mirror, 2019*. https://www.udir.no/in-english/education-mirror-2019.
- Utdanningsdirektoratet (2020-02-04) *Norwegian vocational education and training* (*VET*). https://www.udir.no/in-english/norwegian-vocational-education-and-training/.

10 組織的カンニングに揺れるスウェーデン

スウェーデンの大学入学者選抜では、基本的に高校の成績が用いられる。日本のセンター試験のように、受験生が一斉に受ける学力テストはない。一方、代替的な選抜方法として、任意で受けられる高等教育試験もある。近年、この試験で大規模な不正行為があり、世間を震撼《しんかん》させた。

アクセスを拡大するための試験

スウェーデンにはかつて「25：4ルール」という制度があった。4年以上の勤労経験を持つ25歳以上の人に大学進学資格を認めるというものだ。1977年に始まったこの制度は、大学への社会人入学を促進し、世代間格差を埋める役割を果たした。

このルールを利用する社会人が、高校の成績に代えて選抜資料に使えたのが高等教育試験だ。1990年代には高校生も利用できる試験となり、2007年に「25：4ルール」が廃止された後も、大学入学者選抜に利用され続けている。この高等教育試験が不正の舞台となった。

120万円で売られた満点

「最高の教育を受けたいあなたへ。高等教育試験を手伝います。結果は確実」――。

このネット広告は試験対策講座のように見えるが、実際に売られたのは不正行為だった。9万9000クローナ（約120万円）を払えばほぼ満点の1・9点、約半額の4万9000クローナ（約62万円）では1・5点といった具合に、点数に応じた価格が付けられ、その金額を支払うと、試験本番中に正答を教えてくれる。うそのような本当の話だ。

事前に渡される極小のイヤホンを装着して試験に臨み、聞こえる答えを書けばいい。高等教育試験は全問マークシート方式なので、聞き取りは至ってシンプルだ。

集団不正が明るみに出た時、この手口で高得点を取った受験生は、医学部や法学部など、高所得な職業につながる人気の学部にすでに入学していた。過去の不正行為が認められた学生は大学から除名され、高等教育試験の受験資格を2年間剝奪された。

カンニングをして入学した学生が入学後、授業についていけないのは明らかだった。ほんの数点をごまかした程度ではなく、高校を修了できなかったのに高等教育試験でほぼ満点を取るような、大きな不正だったのだ。中にはスウェーデン語ができないのに高得点を取った受験生もいた。

犯行は組織的だった。首謀者3人は試験開始前に正答を入手し、多数の携帯電話を使って「購入者」に答えを知らせていた。しかし購入者が会ったのは「売り子」だけだった。

売り子は全国にいたが、組織の末端にいて現金の受け取りとID確認だけを担った。首謀者たちは、2015年以降の4年間に、1000万クローナ（約1億2000万円）以上を稼いだと試算されている。

対策はいたちごっこ

事件を受けて、試験する側は不正行為対策をした。設問や解答が事前に流出しないよう袋に入れたり、問題と正答を試験直後に公表するのをやめ、数日後に遅らせて公表したりするようにした。試験会場の電波遮断や受験生のボディーチェックも提案されたが、こうした方法は個人の自由や権利の制限になる上、効果にも疑問があり、運営の負担が増えるといった理由から見送られた。

科された刑罰も重かった。首謀者3人には3年半から6年の懲役刑が言い渡された。売り子や解答を盗んだ者、携帯やイヤホンを提供した者、巨額のマネーロンダリングを行った者たちも実刑や罰金刑の判決を受けた。「点数ビジネス」は多額の利益を生んだが、その代償ははるかに大きかった。

大規模な不正は試験の信頼を大きく損なう。結果が卒業や進学など、人生の重大事に関わる試験であるほど、入念な不正対策が必要になる。手口が詳細に明らかにされると、類似の手口で、あるいはさらに複雑な方法で不正を試みる人が増えるかもしれない。

試験日は不正を企てるごく一部の受験生と、その不正を防ごうとする運営者の双方にとって、知恵試しの日になる。このいたちごっこに終わりは来るのだろうか。

（本所恵）

・Sveriges Television (2021-12-29) Högskoleprovsfusket. *Svt Nyheter.* https://www.svt.se/nyheter/inrikes/20086518.
・本所恵（2020）「生涯学習社会スウェーデンの大学入試」伊藤実歩子編著『変動する大学入試——資格か選抜か　ヨーロッパと日本』大修館書店、173—193.

11 スウェーデンの成人教育機関コムブクス

スウェーデンの全自治体に設置されている成人教育機関コムブクス（Komvux）は、成人に対して小中学校および高校と同等の教育を提供する学校だ。授業料は無料で、仕事をしながら学ぶこともできるし、必要なら奨学金を受けることもできる。コムブクスで中学校レベルの教育を終えた後に、職に就いたり職業教育機関に進んだりする人もいるが、目立つのは大学進学を目指して高校レベルの授業を受ける生徒たちだ。かれらはどんなふうに学んでいるのか。２人の生徒にインタビューした。

目指す職業を決めて入学準備

２０１９年秋にコムブクスで学び始めたCさんは、２０２１年夏に第一志望の大学に合格し、大学生になった。このとき23歳。エンジニアを目指しており、未取得だった高校卒業資格と工学部への出願に必要な科目の単位を得るためにコムブクスに入学した。彼女は日本語学習が趣味で、コムブク

リンシェーピン市のコムブクス校舎。1階には受付と食堂、2階に教室や図書室などがある（撮影：R氏）

スでは日本語の授業も履修した。履修者が少ない科目は遠隔授業として提供されており、彼女の日本語科目も当初からオンラインだったそうだ。

Cさんにとってコムブクスの授業は、高校の授業よりも取り組みやすいものだったという。科目の構造や到達目標が明瞭で、教師の励ましも的確だったので意欲を保ちやすく、かなり良い成績をとることができた。かつて在学していた高校で勉強を続けていたとしても、希望する大学に入学できるほど良い成績を取れる見込みはなかったし、高校卒業資格がないままでは仕事を得ることもできなかっただろう、と彼女は言う。近いうちに大学の交換留学プログラムを利用して日本に留学するつもりだ。いまの彼女は将来への希望にあふれている。

2020年1月にシリアから移住して

きたRさんは、その1年後からコムブクスで学んでいる。2011年に母国で内戦が始まってから19歳でスウェーデンに来るまで、学校教育を受けることができなかった。彼女には歯科医師になるという目標があり、できるだけ早く高校卒業資格を取得して大学に入学したいと思っている。初級スウェーデン語を学ぶ移民向け講座を短い期間で修了し、現在はコムブクスで高校レベルのスウェーデン語と数学を履修している。スウェーデン語が上達したら履修科目を増やす予定だ。

コムブクスには進路アドバイザーが常駐していて、個々の生徒の目標に応じて履修計画の助言をしてくれる。彼女の場合は、できるだけ早く大学に出願したいと希望しているものの、歯科医師コースに合格するには各科目で高い成績が求められる。そのため、アドバイザーの助言に従い、まずはスウェーデン語科目で好成績を収めることを最優先に考えているという。

明確な目的、柔軟な学習

Rさんは当初、高校で学ぶことを希望していた。コムブクスには年上の生徒が多く、なじめないのではないかと不安だったそうだ。しかし、それは杞憂《きゆう》で、自分の母親と同世代のクラスメートと親友になった。さまざまな経験を積んだ人たちとともに学ぶことができるのは貴重な機会で、自分の成長が実感できるという。Cさんも、クラスメートと助け合いながら学んだり、さまざまなことを話し合ったりした経験を語ってくれた。学ぶ目的を明確に持つ生徒が集うからこそ生じる効果があるのだろう。

コムブクスは、公的に初等中等教育を保障する教育機関であり、日本における夜間中学や定時制・

通信制高校と似ている点はあるものの、内実は大きく異なっている。大学入学のための予備校のようだと言われることもあるが、コムブクスで学ぶことは目指す職業に就くための積極的な選択であるといえる。スウェーデンにおいて大学教育は、特定の職業に就くための資格を得ることとほぼ同義であり、希望する大学に入学できるか否かは、各科目で取得した成績によって決まるからだ。

人気のある大学に入学できるほどの良い成績をとることは、高校でもコムブクスでも容易ではなく、高い学習意欲が必要とされる。個々の事情に合わせて柔軟に学習を進められるコムブクスは、人生の目標に向けて大学教育を必要とする多くの人にとって有用なシステムなのである。

（太田美幸）

12 教師が皆、留学経験を持つ社会へ

教師の仕事はドメスティックな仕事だ。基本的に海外出張はなく、日本人以外の教師とつながる機会もほとんどない。だが、本当にそれで良いのだろうか。北欧の教員養成を参考にして、教員志望学生に北欧など欧州への留学を推進している都留《つる》文科大学の実践を紹介する。

デンマークの教員養成では留学が当たり前

2012年にデンマークで行われた教員養成改革には大きな特徴があった。「教員養成課程の学生に、海外に留学し国際的な経験を自身の学びに取り入れる機会を与える」という方針が教育省により明確に掲げられたのである。さらに、教育実習を海外で実施する機会も拡大するように明示された。

とりわけ英語やドイツ語など、外国語科の教師を目指す学生を中心に、多くの学生に国際経験を積ませる方針が掲げられた。デンマークの初等教育の教員養成課程では、複数の教科に関する科目を履

修するため、英語だけ、ドイツ語だけを専門とする教師は原則として存在しない。したがって、実際には算数や国語（デンマーク語）、体育、音楽や宗教などの科目を担当することになる若手教師の多くが留学経験を持って教壇に立つようになる。

全員が欧州に留学する

都留文科大学の文学部国際教育学科は、こうした北欧の事例を参考に、海外経験を重視している。同学科は2017年の開設以来、国際バカロレア教育の教員養成を担っているが、入学生のほとんどは、日本のいわゆる普通の高校の卒業生だ。そのため、約18年間の人生で育まれてきた「日本型の教育観」をほぐし、国際的な視点を取り込めるようにしなければならない。そこで導入されたのが、原則全員参加型の交換留学プログラムだ。

1学年40数名の学科生は、欧州にある5カ国10校の教員養成系大学に半年間留学する。提携大学はデンマーク6校、スウェーデン、フィンランド、ベルギー、リトアニア各1校だ。これらの大学から都留

交換留学プログラム提携校のデンマークの大学（撮影：山辺恵理子）

日本に来た留学生とともにラジオ体操を体験（撮影：山辺恵理子）

文科大学にも毎年数十名の留学生を受け入れており、すべての履修授業を学科生とともに英語で受講している。

学生たちは、こうした取り組みをどう捉えているのか。２０２２年に在学生を対象としたオンライン調査を実施した。その結果、９割弱の学生が入学当初から交換留学制度で北欧などの大学に留学できる可能性を楽しみに思っていたことがわかった。また、受け入れ留学生たちと同じ授業を履修した学生のうち８割が「よい経験になった」と回答した。理由は、「自分たちにとっては当たり前のような日本の教育や文化が彼らにとっては当たり前ではなく、そこからさまざまな議論に発展したり、自分の認識が変わっていくことがあったから」「北欧の教育制度だけでなく、人々の考え方や価値観など、教育を理解する上で大切な文化的要因についての理解が深まったから」「言葉・文化の違う人に自分を伝えるガッツを養うことができたから」といったことが挙げられた。

また、回答時点ですでに北欧に留学経験があった学生39名のうち、８割弱が「北欧の大学に留学して、教育観に変化があった」と回答した。その変化の内容について、数名の学生の自由記述の内容を紹介する。

・教師の権威性が高いという日本の学校教育の特徴は、必ずしも悪いことではないとデンマーク人に言われ、少しびっくりした。

・デンマークの大学で先生に「自分が生徒として見た教育と、ここ（大学）で学んでいる教育と、これから現場で教員として行う教育は全部違うものだから、あなた自身それを受け入れられる先生になって」と言われたのが心に残っている。

・デンマークの教育もまったく完璧ではなくて、日本の方が優れていると感じる点もあった。例えば整理整頓や清掃、体操着の着用など。

・デンマークでは完璧な人間を育てることは求めず、それぞれの良いところを伸ばし、個性を育てる教育を行っている。

・教員の負担への配慮システムがしっかりしており、例えば担任１人で自分のクラスのことについて悩まなくても良くなっていることが素晴らしいと思った。

教員志望の学生たちが留学し、自分たちにとっての「当たり前」を外の視点から見つめ直す経験を積めば、前の世代の教育を再生産する教員養成から脱却することができる。そしてそれが、より柔軟な思考で目の前の子どもたちと変動する社会に向き合える教師を育てることにつながる。都留文科大学の交換留学プログラムでは、そのようなことが期待されている。

（山辺恵理子）

・Uddannelses- og Forskningsministeriet (2012-06-01) *Reform af læreruddannelsen*. https://ufm.dk/lovstof/politiske-aftaler/reform-af-laereruddannelsen/reform-af-laereruddannelsen.

13 キャリアチェンジと生涯学習を支えているもの

研究者から、50歳直前で准看護師に転身。仕事に必要な癌《がん》や遺伝について学び、趣味で天文学のコースを受講し、ブータンについての学習会に参加し、バイオリンを習い始めた——。90年代にスウェーデンに移住した大熊希和子さんは、北欧の地で生涯学習を体現している。

転職への厚いサポート

大熊さんがスウェーデンを初めて訪れたのは37歳のとき、当時はストックホルム大学で１学期間のコースをとるだけの予定だった。縁あって博士課程に進学し、国際比較教育学で博士号を取得、ポスドクとして２つの研究所で働くことになった。研究者キャリアを順調にスタートしたと言える。

ところが、新しく来た上司と研究に対する意見が合わず、「自分がやりたい研究ができなければ研究所にいる意味はない」と考え、研究所を辞めることにした。50歳になる直前の春だった。そして、

「一生に一度、病院で働きたかった」という夢を実現するために准看護師の資格をとることにした。

しかし、生活するためにはお金が必要だし、資格取得のための教育を受ける必要がある。これをサポートしたのは、国の機関で働く人が失業したり、転職を希望したりする時に転職支援をする財団だった。最初の相談会に行くと、同じように博士号をもち失業した人が6人ほど集まっており、それぞれにメンターがつけられた。大熊さんが看護・介護の道に進みたいと話すと、メンターは、その場で知り合いのいる高齢者施設に電話をし、すぐに見習いのアルバイトの話を取りつけてくれた。見習いを始めると、財団がそれまでの給料の約8割を給付してくれることになるのだ。

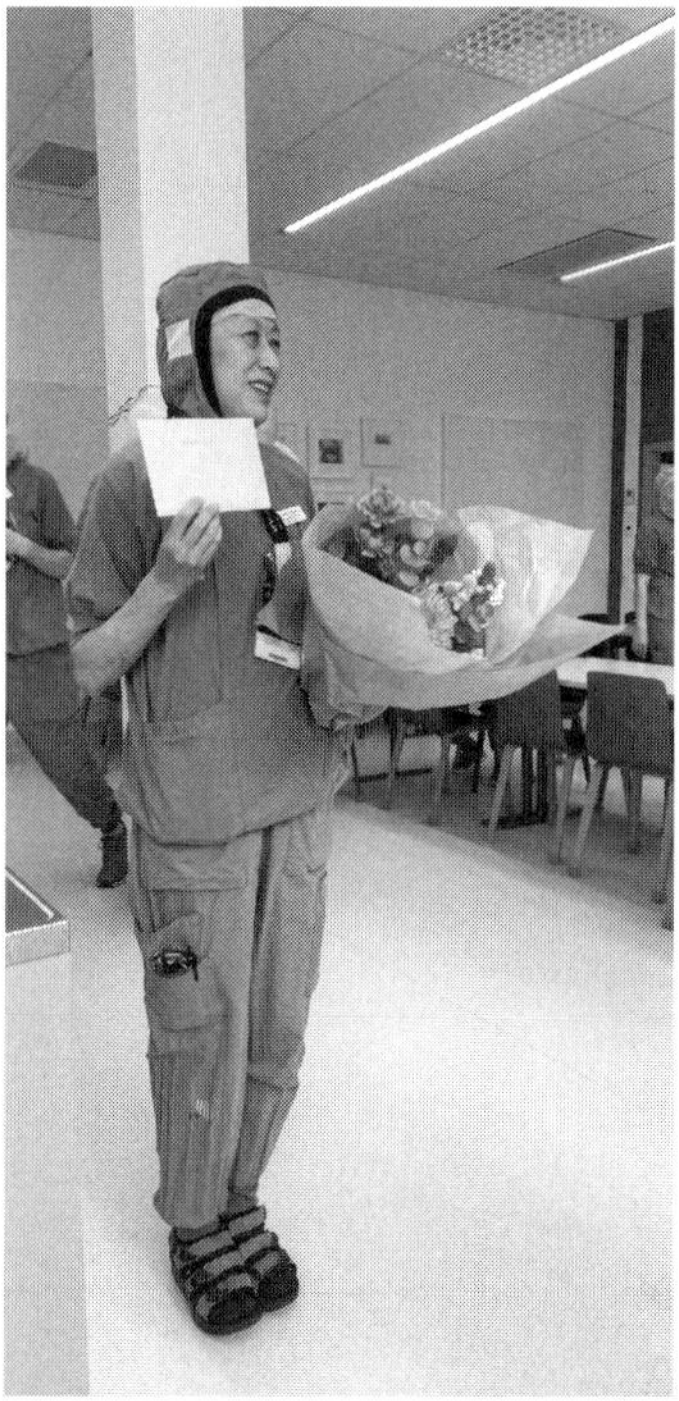

院内転職する日。手術室のユニフォームにて（同僚による撮影）

秋からは、見習いのアルバイトをしながら、コムブクス（自治体の成人教育機関）の通信教育で准看護師の勉強を始めた。コムブクスの教育は無料で受けられる。高齢者施設、高齢者用の病院などで週3～4日、また夏の間の臨時雇いでアルバイトをしながら、通信教育を受けた。実習ではホスピスにも行った。

財団のメンターとは定期

的に連絡をとり、アルバイトや教育が順調に進んでいるとみなされると、支援も終了した。そして、大学を辞めてから3年目には、カロリンスカ大学病院のがん病棟で、正規雇用の准看護師として働き始めた。

まったく別の分野でアルバイトや勉強をこなした精神的・身体的パワーには感銘を受けるが、大熊さんは「今考えると、やはり財団のサポートがあったことは大きい」と振り返る。このような財団は、公的機関・高等教育機関の雇用者を対象としたもの以外にも、さまざまな職種においてあるようだ。

仕事のスキルアップも、趣味も

キャリアチェンジ後も学びは続いた。就職先のがん病棟では、准看護師のレベル向上が課題になっており、スペシャリストとしての養成プログラムを受ける機会を得たのである。再び、1年半の通信教育を職業高等学校（yrkeshögskola）で受けることになった。教育費は無料で、月に1回のスクーリングでは職場が交通費を負担してくれた。また、勉強のために、1学期間に10日分の有給休暇ももらえた。職場が忙しい時期をはずして、勉強のために休みがとれるのである。スペシャリストになれば自動的に給与が上がるわけではなかったが、上司は、その専門性を高く評価してくれたという。

その後もご自身の関心を広げ、院内転職をしてきた。現在は、病院内のラボで検体と向き合っている。DNAやRNAに関心をもち、ラボの仕事を理解するために、ウプサラ大学の単独コースを受けているところだ。これも通信で受けられ、無料である。大学の単独コースは、学部本体の授業とは別に、社会人に広く開かれている。しかし、大学が提供し単位も出すコースのため、内容は本格的だ。

大熊さんも、時間を作って自宅で論文を執筆する。

仕事以外の趣味でも、学び続ける姿勢は変わらない。病院で働き始めたころから、興味のあったバイオリンを始めた。最初は市民大学（folkeuniversitetet）で少人数レッスンを受けた。これは有料であったが、お金を払うだけあって、かなりレベルの高いレッスンが受けられたという。また、天文学やブータンにも興味があり、オンラインで世界中の大学の天文学の無料コースを聴講したり、日本・ブータン学会の学習会にオンラインで参加したりしている。オンラインでさまざまな会に参加できることは、新しい知識や興味への窓をいつも容易に開いてくれるという。勤務していても余暇の時間が保障されていることも、大前提だ。

現在は大学病院のラボで勤務する（同僚による撮影）

お話を伺って終始印象的だったのは、とても軽やかに人生を楽しまれている様子だった。「失うものは何もなかった」と大熊さんはおっしゃった。しかし、それまで積み重ねてきたものから、まったく別の道に進むことは、リスクもあっただろう。スウェーデンにおける転職サポートや無料の教育、職場による研修支援などの仕組みは、そのリスクを減らし、いつまでも新しい仕事や趣味にチャレンジすることを後押ししてくれる。（中田麗子）

- Trygghetsstiftelsen (n.d.) *About Trygghetsstiftelsen*. https://www.tsn.se/en/about-trygghetsstiftelsen/.
- Trygghetsfonden (n.d.) *Omställningsorganisationer i Sverige*. https://tsl.se/om-oss/trygghetsfonden-tsl/omstallningsorganisationer-i-sverige/.

おわりに

本書のタイトルは、『北欧の教育再発見』である。前著『北欧の教育最前線』と韻を踏みたいという編者たちの思いもあるが、北欧の教育には世界や日本で幾度も再発見されてきた歴史もあり、何より読者の方々にとって再発見の機会となることを願い、このタイトルとした。

例えばデンマークにあるフォルケホイスコーレ。17歳半以上が参加できる全寮制の学び場は、これまでに幾度も、日本の人々の中で再発見されている。

まず大正時代に、内村鑑三が『デンマルク国の話』（1911年）の講演でデンマークを広く紹介し、那須皓訳でA・H・ホルマン『国民高等学校と農民文明』が出されると、当時の日本社会で反響を呼び、地方の農村部に農業振興と青年教育の場として国民高等学校が設立された。また東海大学や玉川大学、自由学園などの教育にも影響を与えてきた。

その後、第二次世界大戦後には、民主主義、住民自治を具現化していくための拠点として公民館が構想された際、文部省（当時）の官僚である寺中作雄が『公民館の建設』（1946年）の中でフォルケホイスコーレを紹介している。

その後も、フリースクールやオルタナティブな教育、環境問題や市民運動などに関心のある人々を中心に、フォルケホイスコーレは知る人ぞ知る存在であった。

2000年代以降は、幸福度調査での順位の高さ、「ヒュッゲ」などのライフスタイルへの注目など、マスメディアを通じてデンマークが紹介されることも増えてきた。SNSなどで個人が気軽に体験談を発信できるようになり、特に若い世代を中心にフォルケホイスコーレが再び注目されている。そして地方などで、キャリアの移行期における「余白」を大切にした学び場として、ホイスコーレと名のつく場が設立されている例もある。

自分の国の教育に課題意識を持ち、他国の教育実践から有益な情報を得て役立てようとすることは教育借用と呼ばれる。また、外国の教育制度を自分の国へ移植しようとすることは教育移植とも言われる。

北欧の教育は、その点で（しばしば美化も伴って）、良い点ばかりが強調され、モデル化されがちである。私たちは各原稿を書く際に、その国の教育で今何が課題とされ、議論されているのかについても注意深く情報収集を行ってきた。国は違っても同じような課題を抱えていたり、議論がなされていたり、異なるアプローチをとっていることもある。そして、違いと共に、国を越えた真理を追究する姿勢も大事にしてきた。

何より、原稿を書くために調べ、まとめるたび、私たち自身が北欧の教育を再発見してきた。その積み重ねが本書である。

前著の刊行後、読者の方々からの問い合わせや、北欧教育研究会の定例会への参加者も増えた。本書を読むことで、北欧の教育に関する新たな発見、関心の高まり、そして議論の深まりへとつながっていくとしたら、これ以上の喜びはない。

本書は、編著者4名以外に、北欧教育研究会のメンバーが各専門分野に応じて執筆を担当している。

新たなメンバーも増える中、いつも刺激をもらえる研究会の存在に感謝したい。

最後になりましたが、継続して連載の機会をくださり、いつも励ましの言葉をくださる教育新聞編集長の小木曽浩介様、前著の姉妹編となる本書の出版をご快諾いただいた明石書店の安田伸様、編集にご尽力いただいた黄唯様に深く感謝いたします。

佐藤裕紀

本書の原稿執筆にあたり以下の科研費の助成を受けている。
16J05669, 18H05764, 18K02317, 18K02422, 18K02731, 18K13051, 18K13071, 19H00618, 19H01644, 19H01698, 19K02489, 19K02531, 19K14069, 20H00003, 20H00098, 20H01675, 20K02699, 20KK0286, 20KK0295, 21H00832, 21H00837, 21H04413, 21K18501, 22H00973, 22K02327.

初出一覧

※教育新聞『世界の教室から　北欧の教育最前線』
タイトル・掲載年月日（電子版）
※「—」となっている節は本書が初出。

0　北欧人教師との出会いから245年　（2022年6月25日）

第1章　北欧モデルの現場から

1　就学前から始まる「話し合う」生活文化　（2022年10月1日）
2　「教育の輸出」に励むフィンランド　（2021年3月27日）
3　スウェーデンで広がるeスポーツ教育　（2020年10月3日）
4　6歳からの「史料批判教育」　（2020年11月28日）
探究学習でウィキペディア執筆　（2021年1月4日）
5　「教師から政治家」の例も多いノルウェー　（2021年11月20日）
6　平等の国アイスランドの私立園　（2020年12月12日）
7　フィンランドの「村の学校」の行方　（2022年5月14日）
8　揺らぐ「民主主義のモデル」としての学校　（2021年9月11日）
9　担い手不足の学校理事会　（2020年6月27日）
10　スウェーデンのエリート高校　（2020年6月13日）
11　個人情報にたじろぐスウェーデンの学校　（2021年7月31日）
12　スウェーデン・キルナ町ごとの引っ越しと学校　（2022年1月15日）
13　レゴ社と市が協働する子ども中心の街づくり　（2022年9月17日）
14　—

第2章　子どもと大人のウェルビーイング

1　フィンランドのウェルビーイング・デイ　（２０２２年１月29日）
2　子供と大人を支援する特別支援学校　（２０２０年８月８日）
3　受講生に時給？ スウェーデンのサマースクール　（２０２１年７月17日）
4　スウェーデンの高校生の夏期講習　（２０２２年６月11日）
5　全国学力テストを廃止し新テストにデンマーク　（２０２２年８月６日）
6　市も協力 デンマークの教員の働き方改革　（２０２２年７月９日）
7　掃除は仕事ではない！教員組合が反発　（２０２２年２月26日）
8　デンマークの学校給食論争 背後に貧困問題　（２０２２年11月12日）
9　放火や対教師暴力ＳＮＳで広がる学校の荒れ　（２０２１年11月６日）
10　皇太子妃も取り組むデンマークのいじめ対策　（２０２０年11月14日）
11　子供へのわいせつ行為デンマークの対策　（２０２１年８月14日）
12　スウェーデンの性教育とユースクリニック　（２０２１年10月９日）

第3章　多様な人と共に暮らす

1　白夜の国の断食
イスラーム学校に向けられるまなざし　（２０２０年５月２日）　（２０２０年７月11日）
2　「ゲットー」と地域スポーツクラブ　（２０２０年９月19日）
3　異文化の境界に鳴るキックオフの笛　（２０２１年５月７日）
4　フィンランドにおける「継承語教育」　（２０２１年６月５日）
5　障害のある人のための「食育」（２０２０年５月16日）
6　カラフル靴下が拓くダウン症への理解　（２０２１年３月13日）

7　ＬＧＢＴＱ＋関連のイベントと学校　（２０２０年10月17日）
8　デンマークの男性保育者　（２０２１年６月19日）
9　教師がタトゥーは「あり」？（２０２０年10月31日）
10　学校の食堂で高齢者がランチ　（２０２２年５月28日）
11　平和の担い手を育てる体系的な取り組み　（２０２１年１月30日）
12　「こぼれ落ちた人たち」にも開かれた民衆大学　（２０２１年３月６日）

第４章　ゆりかごから墓場まで

1　デンマークの「森の幼稚園」（２０２１年４月24日）
2　学びの土台をつくるデンマークの「０年生」　（２０２１年２月13日）
3　学校向けに多数のサービス　ノーベル賞博物館　（２０２１年10月23日）
4　お誕生会は一大事！　（２０２０年５月30日）
5　放課後活動は楽団からピカチュウまで　（２０２０年９月５日）
6　コミュニケーションを生み出すデジタル端末　（２０２１年12月18日）
7　成績表が存在しないデンマークの多様なテスト　（２０２１年７月３日）
8　フィンランドの中退予防策・ＪＯＰОクラス　（２０２２年２月12日）
9　ノルウェーの高校にある10の職業科コース　（２０２１年５月22日）
10　組織的カンニングに揺れるスウェーデン　（２０２０年８月22日）
11　スウェーデンの成人教育機関コムブクス　（２０２１年９月25日）
12　―
13　―

矢田匠（やだ・たくみ）
フィンランド国立教育研究所ポスドク研究員。専門は教育経営学、教育リーダーシップ論。寒いのが苦手だが、若手リーダーも活躍するフィンランドへなぜか移住。新しいリーダーシップの形は「サウナの中は皆が平等で、上下関係はない」という言葉にヒントがあるのではと考えている。

山辺恵理子（やまべ・えりこ）
早稲田大学講師。専門は教育哲学、教師教育学。
都留文科大学勤務時にデンマークやスウェーデンからの留学生と教育の原体験について語った時間、グリーンランドの地方で会った子どもたちの表情、暮らし、食欲が忘れられない。

山本みゆ紀（やまもと・みゆき）
フィンランド在住、日本語・英語教員。
タンペレ大学の移民教員向けコースで教科教員に必要な単位を修得後、大学院に進む。専門は英語学。現在小学校教員免許取得中。「学びに年齢・国籍関係なし」を実践しやすいフィンランドに感謝。

渡邊あや（わたなべ・あや）
津田塾大学学芸学部教授。専門は比較国際教育学、高等教育論。
キルップトリ巡りで収集したヴィンテージ食器や古い教科書、学校史などから、かつてのフィンランドの人々の社会や暮らし、教育に思いを馳せることが最近の楽しみ。

原田亜紀子（はらだ・あきこ）
東海大学文化社会学部北欧学科特任准教授。専門は比較教育学、シティズンシップ教育論。日本の高校に社会科教諭として在職中にコペンハーゲン大学に在外研究で滞在して以来、デンマークに通い続ける。北欧の図書館で快適な椅子に座るのが好き。

松田弥花（まつだ・やか）
広島大学人間社会科学研究科准教授。専門は社会教育学、生涯学習論。
スウェーデン留学中に、何度でもやり直しができる社会に魅せられた。子どもが生まれ、より一層、北欧の子育て制度や社会的風土に魅力を感じている。

松林杏樹（まつばやし・あんじゅ）
長野県大鹿村立大鹿中学校養護教諭。
大学時代にストックホルムプライドに参加したことで、北欧の性教育に興味をもつ。街中を歩くたびに見つけたたくさんのレインボーフラッグを撮影したのはいい思い出。いつの日か、プライドパレードに参加して、歩いてみたい。

見原礼子（みはら・れいこ）
同志社大学グローバル地域文化学部准教授。専門は比較教育学、子ども社会学。20年来の主たるフィールドワークの地はベルギーとオランダだが、縁あってスウェーデンにも何度か足を運んできた。秋のストックホルムは陽のあたり方が美しく感動した。

矢田明恵（やだ・あきえ）
ユヴァスキュラ大学・トゥルク大学 Centre of Excellence for Learning Dynamics and Intervention Research (InterLearn) ポスドク研究員。専門はインクルーシブ教育、発達臨床心理学、心理統計。フィンランドにて2児を出産。利用者の立場から、フィンランドのネウボラや幼児教育にも関心を持つ。黒パンとカンタレリのスープが大好物。

澤野由紀子（さわの・ゆきこ）
聖心女子大学現代教養学部教授。専門は比較教育学、生涯学習論。
2000年、2013年と2022年の3回のサバティカルの際、スウェーデンを拠点にEU 諸国の生涯学習政策を研究。いつも優しく迎えてくれるスウェーデンと野外博物館スカンセンが大好き。

田平修（たびら・しゅう）
大阪大学大学院人間科学研究科博士後期課程満期退学、樹人醫護管理專科學校講師。専門は教育社会学、移民教育。フィールドワークをしながら、スウェーデン南部のベクショーで3年半を過ごす。バターを塗ったクネッケブロード（薄焼き堅パン）とヨッギのヨーグルトが朝ご飯の定番。

田中潤子（たなか・じゅんこ）
兵庫県立大学客員研究員、早稲田大学社会的養育研究所研究補助者。
フィンランドのオウル大学教育学修士課程修了。現地の小学校で7カ月教員アシスタントとして勤務。自ら手を動かし何かを創り出すことと、自然の中で過ごすことを大事にしたい。

針貝有佳（はりかい・ゆか）
デンマーク文化研究家。2009年末にデンマークに移住し、現地で暮らしながらメディア向けに情報発信をしている。翻訳家・リサーチャー・コミュニケーターとしても活動の場を広げ、両国の架け橋となっている。デンマークの公立小学校で JAPAN DAY を開催したのは楽しい思い出。

長谷川紀子（はせがわ・のりこ）
愛知工業大学・愛知教育大学非常勤講師。専門は教育人類学、比較教育学。
北欧先住民族サーメのための教育に焦点を当ててフィールド活動を続けはや十数年！最近はグローバルに生きるカッコ良いサーメの若者たちに、トキメキながらの「推し！」研究活動。

◉ **執筆者紹介**（50音順）

市川桂（いちかわ・かつら）

東京海洋大学学術研究院准教授。専門は比較教育学。

エラスムス・プラスという EU の教育研究助成を受けてデンマークの教員養成大学に派遣されたことがデンマーク研究のきっかけ。コペンハーゲン大学の植物園にあるカフェがおすすめ。

井上瑞菜（いのうえ・みずな）

株式会社朝日エル所属。広告会社で、健康・福祉領域のマーケティングに携わる。障害のある人の食育や、障害者福祉施設の給食事業のコンサルティングを行う中で、北欧に興味を持ち、スウェーデンへ弾丸視察に。「食のインクルーシブデザイン」が主な関心テーマ。

上田星（うえだ・せい）

神戸教育短期大学こども学科講師、関西学院大学大学院教育学研究科研究員。専門は保育学、乳幼児教育思想。多様な性の保育者による保育の可能性を探究するためにデンマークでペダゴーの養成教育と保育施設での勤務を経験。北欧のインテリアに魅了され、今では収集が趣味の一つに。

太田美幸（おおた・みゆき）

一橋大学大学院社会学研究科教授。専門は教育社会学、ノンフォーマル教育。リンドグレーンの児童文学とエレン・ケイの社会美思想に導かれてスウェーデンの社会と文化を探究。北欧社会を理解するには推理小説が最適だと思う。

坂口緑（さかぐち・みどり）

明治学院大学社会学部教授。専門は生涯学習論、市民社会論。

日本でデンマーク人のように暮らす、を目指し、日本にある北欧カフェやレストランを訪問している。いつか自転車で通勤する生活を実現するのが夢。

◉ 編著者紹介

中田麗子（なかた・れいこ）
信州大学大学院教育学研究科研究員。専門は比較教育学、保育・幼児教育。
高校時代にノルウェーで1年間ホームステイし、ノルウェー語（方言）を習得。子連れでスウェーデンに居住した経験もある。ノルウェーとスウェーデンの微妙な違いに興味津々。

佐藤裕紀（さとう・ひろき）
新潟医療福祉大学健康科学部講師。専門は比較教育学、生涯学習論。
北欧発祥の森の幼稚園やプレーパークなど、自然の中でのセンスオブワンダーを大切にした育児に共感する。が、虫が苦手、不器用な自分という現実の中で日々葛藤している。

本所恵（ほんじょ・めぐみ）
金沢大学人間社会研究域学校教育系准教授。専門は教育方法学、教育課程論。
成績ではなく将来の職業を考えて進路を選ぶスウェーデンの高校に関心をもち、北欧教育研究をはじめる。最近の楽しみは、日々のフィーカを彩るいろいろな和洋菓子を見つけること。

林寛平（はやし・かんぺい）
信州大学大学院教育学研究科准教授。専門は比較教育学、教育行政学。
じっとしていられない性格が高じてグローバル ADHD に。学生時代に世界の学校を見て回り、スウェーデンにたどり着いた。コンソメ味のポップコーンをスウェーデンに広めたい。

北欧教育研究会（Study Circle on Nordic Education）

北欧5カ国（アイスランド、スウェーデン、デンマーク、ノルウェー、フィンランド）の教育に関心を持つ人たちの集まりとして2004年にスタート。研究者や学生だけでなく、主婦（夫）や会社員など、多様なメンバーが集まって、北欧の教育に関する情報交換や勉強会を行っている。
http://nordiskutbildning.blogspot.com/

北欧の教育再発見——ウェルビーイングのための子育てと学び

2023年4月30日初版第1刷発行
2024年7月25日初版第2刷発行

編著者 中田麗子
佐藤裕紀
本所恵
林寛平
北欧教育研究会
発行者 大江道雅
発行所 株式会社明石書店
〒101-0021 東京都千代田区外神田6-9-5
電話 03（5818）1171
FAX 03（5818）1174
振替 00100-7-24505
https://www.akashi.co.jp/
装丁 明石書店デザイン室
印刷・製本 日経印刷株式会社

（定価はカバーに表示してあります） ISBN 978-4-7503-5563-4